KB059314

불혹의 초보아빠
고군분투기

불혹의 초보아빠 고군분투기

초판 1쇄 인쇄 _ 2019년 6월 15일
초판 1쇄 인쇄 _ 2019년 6월 20일

지은이 _ 김양규

펴낸곳 _ 바이북스
펴낸이 _ 윤옥초
책임 편집 _ 김태윤
책임 디자인 _ 이민영

ISBN _ 979-11-5877-103-4 03370

등록 _ 2005. 7. 12 | 제 313-2005-000148호

서울시 영등포구 선유로49길 23 아이에스비즈타워2차 1005호
편집 02)333-0812 | 마케팅 02)333-9918 | 팩스 02)333-9960
이메일 postmaster@bybooks.co.kr
홈페이지 www.bybooks.co.kr

책값은 뒤표지에 있습니다.
책으로 아름다운 세상을 만듭니다. — 바이북스

곧 아빠가 되는 사람들에게 권하는
아빠 반성문

불혹의 초보아빠
고군분투기

김양규 지음

바이북스
ByBooks

결혼적령기가 매년 높아지는 추세입니다. 고학력자의 증가, 좁은 취업문, 전세 및 주택가격 상승 등을 주요 원인으로 뽑고 있습니다. 개인적 성향이 되었든 국가 정책이 문제가 되었든 결혼이 늦어지고 저출산으로 이어지고 있습니다. 언제부터인가 '결혼포기'라는 단어도 등장했습니다. 결혼은커녕 연애도 포기한 청춘 시대가 되었다고 합니다.

저는 평범한 경찰공무원입니다. 독신주의자도, 눈이 굉장히 높았던 것도 아닌데 어쩌다 보니 결혼이 늦어졌습니다. 2013년, 만 서른아홉 살에 결혼했습니다. 이듬해 아들이 태어났습니다.

아들이 태어났을 때, 나의 아버지보다 하나라도 더 잘하자는 다짐을 했습니다. 아버지는 체벌은 안 하셨지만 매우 엄한 분이었습니다. 그 시대 아버지들처럼 가부장적인 분이었습니다. 내가 태어나는 날 산부인과를 같이 가자는 어머니의 부탁에도 집을 지켰습니다. 결국 고모가 같이 갔습니다. 아무리 어머니가 편찮으셔도 아버지는 설거지조차 도와주지 않았습니다. 집 떠나 여행을 가본 것은 딱 한 번, 당일치기였습니다. 아버지는 막내인 나를 귀여워하기는 했지만, 같이 놀아준 기억은 없습니다.

　이런 아버지보다 조금이라도 더 친숙한 아빠가 되자고, 나는 다짐에 다짐을 했습니다. 적어도 나의 아버지보다 열 배는 잘하고 있다고 나름 생각합니다. 설거지는 기본이고, 청소도 많이 도와줬습니다. 짬짬이 놀이공원도 가고 축구도 하며 아이와 놀아주고 있습니다. 아마 이 정도 노력이라면 과거 세대의 어머니는 감탄하겠지만, 이 시대의 어머니인 아내는 턱없이 부족하다며 늘 불만입니다. 나는 육아를 공유하고 있다고 생각하는데, 늘 혼자서 한다고 합니다. 아들이 엄마만 찾는다며 친해지라고 말합니다. 그 말에 나는 스스로를 합리화시켰습니다.
　'세상의 어느 아이가 엄마보다 아빠를 더 좋아하겠어?'
　아들 또래의 자녀를 둔 아빠들에게 물어봤습니다. 답변을 들으니, 제가 다른 집 아빠보다 좀 못하고 있다는 생각이 들었습니다. 더군다나 아내는 육아에 전념하느라 직장에서의 꿈을 접고 엄마로서의 삶을 살아가고 있습니다. 더 이상 육아를 엄마만의 몫으로만 생각하면 안 된다는 것을 느끼게 되었습니다. 문득 아이와 놀아줄 시간이 10년도 남지 않았다는 생각이 들었고, 아빠는 '나에 해준 것이 없는 사람'으로 기억할 것 같았습니다. 그래서 가족을 위해 시간을 내기로 다짐했고 아이와 소중한 추억의 시간을 쌓기로 했습니다.

육아에 대한 관심을 가지면서 전문가는 물론 평범한 아빠들이 쓴 책도 읽어 보았습니다. 좋은 육아 지식이 많았지만 아이에게 모든 경우를 기계적으로 대입할 수는 없었습니다. 아이 역시 육아 지식대로 따라주지는 못했습니다. 다만 아빠의 이런 노력이 아들에 대한 관심과 사랑으로 발전해갔습니다.

10분만 아이와 놀아줘도 아이와 아빠의 친밀감을 높일 수 있다고 합니다. 동물을 대상으로 어미와 새끼의 스킨십을 통해 안정감을 연구한 사례에서 알 수 있듯이 안정감은 정서 안정은 물론 지능 발달에도 도움이 된다고 합니다.

체력만큼은 남들에게 처지지 않았지만 어린아이를 돌보는 체력은 달랐습니다. 앉아서 보고 있는 것조차 힘들게 느껴졌습니다. 잠시라도 눈에서 멀어지면 큰 사고가 날까 노심초사해서 졸졸 따라다녔습니다. 금방 체력이 바닥났습니다. 아이와 어떻게 시간을 보내야 할지 난감했습니다. 좋아하는 텔레비전 만화만 틀어주고 쉬는 것이 일상이었습니다.

그래도 꾸준히 노력을 기울였더니 긍정적인 변화가 일어났습니다. 같이 놀고, 책 읽고, 의미 있는 시간을 오랫동안 함께하자 어느 날 아이가 "아빠, 최고!" 하며 칭찬해주었습니다. 어린이집에 아빠가 데리러 왔다며 울고불고 난리치던 우리 아이가 말입니다. 이런 칭찬을 받기까지 그렇게 많은 시간이 걸리지는 않았습니다. 큰 비용이 발생하지도 않았습니다. 딱 한 번 사주고 후회한 장난감이 유일했습니다.

이 책도 육아에 대한 전문 지식과 고급 정보를 전달하지는 못합니다. 마흔 넘은 지극히 평범한 아빠의 좌충우돌 체험담인 육아 일기를 공개하면서 솔직한 느낌과 감정을 전할 뿐입니다. 이 책을 읽는 독자도 대부분 평범한 엄마, 아빠일 것입니다.

'저 집 아빠는 이런 고민을 하며 아이를 키우는구나!'

이 정도로만 생각해주시면 고맙겠습니다.

초보 엄마, 초보 아빠라면 모두 아이의 기침소리, 울음소리에도 화들짝 놀라게 됩니다. 매순간이 긴장의 연속입니다. 아이는 한 달이 다르고, 하루가 다릅니다. 저는 둘째가 태어나면 참고가 될까 해서 큰아이가 100일을 맞이했을 때부터 육아일기를 썼습니다.

그런데 둘째를 유산하고 말았습니다. 그 아픔을 딛고 '하나만 잘 기르자!' 하고 결심했습니다. 이제 육아 일기는 아이의 성장 과정, 가족이 나눈 사랑 이야기를 기록하고 아이에게 전하고 싶은 메시지를 기록하고 있습니다. 초등학교 졸업식 선물로 줄 생각입니다. 아빠의 의도는 이렇게 받은 사랑이 있으니 청소년기 때라도 크게 탈선하지 말라는 기대감도 안고 말입니다.

첫아이의 육아일기는 아들과의 추억일기가 될 것입니다. 또한 아이에 대한 아빠의 약속이기도 합니다. 늘 아들의 눈높이에서 보라보고 대화할 것이고, 국영수 과목부터 예체능까지 모든 것을 잘할 수는 없으니, 아들의 적성과 능력에 맞아서 즐겁게 할 수 있는 거라면 무엇이든 할 수 있다는 용기와 자신감으로 도전할 수 있도록 도울 것입니다. 다만 힘듦을 지탱하는 힘이 되어줄 긍정적인 자세를 유지하기를 희망하면서.

훗날 이 일기는 아빠의 반성문이 될 것 같습니다. 아이를 양육하면서 나의 어린 시절의 부모님과의 감정이 아름답게 다가오기도 했습니다. 그리고 울퉁불퉁하게 대했던 그때의 부모님의 마음을 헤아릴 수 있는 시간이기도 해서 참으로 감사했습니다.

이 시대 육아는 엄마 아빠가 함께해야 합니다. 모든 아빠들을 응원합니다. 물론 모든 엄마들에게 존경의 박수를 보냅니다.

차례

들어가는 글 · 4

chapter 1

마흔하나, 아빠가 되다

노총각 탈출기 · 14
임신하면 출산은 당연한 줄 알았다 · 20
이름 짓기, 아버지와 내가 통하던 순간 · 27
아기 엄마는 한 명이 아니었다 · 31

chapter 2

초보 아빠 빵점 육아

뭘 알아야 아빠 하지 · 38
아들을 외면하며 집을 나섰다 · 43
우리 아들의 토끼인형 애인 · 49
초콜릿으로 달래다가 초콜릿이 안 통하면? · 56
잠 안 자는 아이, 알고 보니 아빠 탓 · 62
배불러요, 아파요 · 69
가족 여행 그리고 나만의 여행 · 75
세 살 때 받은 상처, 여든까지 간다 · 84

chapter 3

아들에게 배우며 느낀다

외동아이로 크는 아들에게 · 92
아빠가 된 사람만이 느끼는 힘 · 98
사랑스러운 손주, 자랑스러운 손주 · 104
아들에게 감동받기까지 · 113
우리 아들도 남들보다 잘하는 것이 있다 · 119

chapter 4

**아빠공부를
시작하다**

초보아빠여 육아는 노력이다 · 126

우리 가족 영어 공부 도전기 · 135

공부도 잘하고 놀기도 잘했으면 · 141

부부싸움을 부르는 유아 학습지 · 148

엄마 아빠를 닮았어도 선택은 자녀에게 · 155

키즈카페에는 정말 아빠들이 있는 걸까? · 161

체벌할 것인가, 대화할 것인가 · 166

다른 집 아빠들이 안 하는 것 · 172

chapter 5

**내
소중한
아들에게**

너를 사랑하는 분들을 기억하며 · 180

아들과 아빠를 이어주는 스킨십 · 190

4번 타자가 아니더라도 너의 선택을 존중한다 · 195

배려와 긍정으로 세상을 만나라 · 200

소중한 추억 · 207

마치는 글 · 212

★ ★ ★

chapter 1

마흔하나, 아빠가 되다

노총각 탈출기

　결혼을 해야 어른이 된다, 애를 낳아봐야 부모 심정을 안다는 말을 귀에 못이 박히도록 들었다. 서른에 취직을 한 후 강산이 한 번 변한 마흔에 어른이 되었고, 마흔하나에 부모의 심정을 알았다. 삼십대의 10년 세월은 빨리 지나갔다. 독신주의자도 아니고 상당히 눈이 높아 까다로웠던 것도 아니다. 개를 무서워하여 애완동물을 키우는 여자만 아니라면 결혼 상대자로 받아들일 수 있었다. 스스로 정한 결혼 적령기는 서른넷이었다. 2년간의 경찰 수험 생활에 대한 보상 심리로 무조건 2년은 놀기로 했다. 누가 여자 소개시켜 준다고 해도 안 만났다. 월급 대부분이 술값으로 지불됐다. 술로 돈과 세월을 낭비했는지는 모르겠지만 마음만은 편했다. 다만, 결혼을 해야 돈을 모은다는 말을 스스로 입증하고 있었다.
　서른두 살 때부터 결혼을 전제로 한 소개팅을 마다하지 않았다.

고등학교 동창생이 친여동생을 소개시켜주고, 같은 부서 후배 여직원이 친언니도 소개시켜주었다. 잘 만나다 이런저런 이유로 결혼까지는 실패했다. 언제든 여자를 만날 수 있다고 자만하고 있었다. 결혼이 늦어진 또 다른 이유는 일에 대한 만족도가 대단히 높아서였다. 내게 경찰은 그저 먹고 살기 위한 직업이 아니었다. 꼭 하고 싶은 일이었기에 결혼 생각이 안 날 정도로 재미를 느끼고 있었다. 일이 바빠도 바쁜 만큼 즐거웠다.

부모님도 걱정이 많으셨겠지만 그래도 막내아들이라 잔소리가 덜 했다. 나이 차이가 많이 나는 큰형님은 일찍 결혼했다. 그러한 장손의 존재도 내게 잔소리를 덜하게 만든 이유였다. 급기야 서른네 살에 아버지는 나를 독립시켰다. 무작정 집에서 나가서 혼자 살라고 했다. 어머니는 아버지와 언성을 높이며 한사코 반대했지만, 완고한 아버지는 뜻을 굽히지 않았다.

아버지는 내가 집을 나가는 날 안방에서 줄담배만 피웠다. 그리고 딱 한마디만 했다.

"아버지 뜻 알지?"

자유롭게 결혼할 여자를 찾으라는 뜻이었다. 하지만 나는 자유만 만끽한 채 어영부영 서른여덟 살이 되었다.

삼십대 후반의 하루는 삼십대 초반의 열흘과도 같았다. 결혼에 대해 조금씩 초조해지기 시작했다. 오해인지 비아냥거림인지 구별이 안 되는 질문들이 쏟아졌다.

"아직 결혼은 안 했냐?"

"눈이 너무 높은 거 아니냐?"

한번은 직장 교육기관에서 2주간의 합숙 교육을 받은 적이 있다. 전국의 동료 경찰 20명이 모여 보고서도 작성하고 발표도 하는 교육이었다. 교육은 즐겁고 분위기 좋게 진행됐다. 모든 교육을 마친 후 회식을 했다. 한창 회식을 즐기고 있는데, 군데군데에서 고개를 갸웃하며 속삭이는 모습을 얼핏 보았다. 나를 힐끔 쳐다보는 시선이 느껴졌고, 이어서 "아직 결혼을 안 했대." 하는 말이 조용하게 들려왔다. 순간 얼굴을 들 수 없었다. 시선은 빈 술잔으로 향했다.

이번엔 초등학교 동창생 네 명과 함께한 술자리였다. 끼리끼리 논다고, 남자 둘 여자 둘이 모두 미혼이었다. 한 여자 동창생이 얼마 전 헤어진 남자친구 이야기를 꺼내며 우울한 나날을 보내고 있다고 푸념했다. 남자 동창생은 남자의 심리를 이야기하며 위로했다. 나는 '조언은 그렇게 잘해주면서 저는 왜 안 갔어?' 하며 계속 듣고만 있었다. 나이 서른여덟에 아직도 연애로 상처 받은 친구나 위로하며 시간을 보내고 있다는 것이 한심하기까지 했다. 결혼을 안 했다는 현실이 답답함으로 밀려왔다. 자녀들 유치원 보낸 이야기나 적어도 막둥이 걸음마 뗀 이야기를 하고 있어야 되는데 하는 생각이 들었다. 남들도 나를 보고 그런 생각을 할 것만 같았다. 이때부터 나는 달라졌다. 주위 사람들에게 결혼 상대자를 소개시켜 달라는 부탁을 하고, 아주 적극적으로 만남을 가졌다.

나도 나이를 먹지만 부모님도 늙어간다는 것을 간과하고 있었다. 아버지는 여든을 넘겼고, 어머니는 칠십대 중반이었다. 아버지는 다리가 불편해서 지팡이를 짚고 다녔다. 가까운 거리도 중간중간 쉬었다 가야 할 정도였다. 당과 혈압, 전립선으로 병원 신세도 자주 졌다. "한편으로는 오래 사신 것을 기뻐하고 또 한편으로는 나이 많은 것을 걱정해야 한다."라는 《논어》의 어록이 뼈저리게 느껴졌다.

마흔을 바라보는 미혼의 아들을 걱정하는 부모님의 시선을 느낄 수 있었다. 결혼해서 손주를 안겨드리는 것이 마지막 효도라고 생각했다. 때문에 소개팅에 더 적극적일 수밖에 없었다.

서른아홉 늦여름에 지금의 아내를 소개 받았다. 50%의 마음만 맞으면 결혼하겠다고 생각하던 시기였다. 내가 운동을 좋아하기 때문에 체육교사인 점이 마음에 들었다. 데이트 기간에도 집 근처 중랑천 운동시설에서 배드민턴과 농구를 했다. 도서관 다니는 취미도 같았다. 우리는 주로 운동과 도서관을 다니며 연애를 하다 8개월 만에 결혼했다.

이 정도 나이에 결혼하는 경우 자식들이 좋다고 하면 부모님들의 반대는 전혀 없다고 봐야 한다. 반대는 엉뚱한 곳에서 나왔다. 보수적인 아버지가 주례선생님을 반대했다. 반대라기보다 좀 못마땅하게 생각했다. 마흔 신랑과 서른아홉의 신부가 마흔세 살의 주례선생님을 모시고 결혼식을 올리겠다고 말씀드렸더니, 무슨 마흔세 살이 주례를 보냐고 탐탁지 않아 했다. "저를 많이 아껴주시는 분입니다." 하고 어물쩍 넘어갔다.

멀리서 보면 누가 신랑이고 주례선생님인지 모를 이 분은 직장 선배이자 중학교 선배이다. 직장 동료들도 주례가 아닌 사회자로 많이

들 오해했다. 우리 주례선생님을 소개하는 멘트는 딱 한마디였다.

"신랑 신부를 아끼고 사랑하시는 분입니다."

짧은 소개 후 주례선생님은 주례석 옆으로 나왔다.

"다시 한 번 인사드리겠습니다. 주례를 맡은 000입니다."

평범한 인사 후 주례사가 시작됐다. 예식이 끝난 후 부모님은 주례사에 만족했다. 30년 넘게 예식장 사업을 했다는 대표님도 해방 이후 최연소 주례선생님이었는데 잘했다고 칭찬했다. 나만 보았던 걸까? 사실 주례선생님은 긴장을 했는지 주례사를 하는 내내 흰 장갑을 낀 손을 바들바들 떨어댔다. 아무튼 감사한 일이다.

늘 편하게 만날 수 있는 직장 선배 주례선생님이 지켜보고 있으니 잘 사는 모습을 보여드리고 싶었다. 그래서 결혼기념일이면 주례선생님에게 아들의 성장 모습을 담은 사진을 보내드리며 감사함을 전하고 있다.

내가 결혼을 한 2013년. 통계청이 발표한 그해 평균 결혼 나이는 남자가 32.6세 여자가 30.4세이다. 만 나이로 계산하더라도 나는 6.5세, 아내는 8.6세가 많았다. 늦게라도 결혼해서 다행이다. 연애 포기, 결혼 포기, 출산 포기의 삼포시대인데.

어느 지인 분이 재개발 지역의 아파트를 구입했다. 이사 가냐고 물어보니, 장가 안 간 자식을 독립시키기 위해서라는 대답이 돌아왔다. 서른다섯 살인데 장가갈 생각을 안 한단다. 남들이 아들 결혼했냐고 물어보면 스트레스 받는다고 했다. 우리 부모님도 장가 안 간 자식 때문에 6~7년 마음고생이 심했을 것이다.

《효경孝經》에서는 효를 이렇게 말하고 있다.

"몸과 머리털과 살갗은 부모님으로부터 받았다. 감히 훼손하여 다
치지 않게 하는 것이 효의 시작이다. 입신하여 도(道)를 행하여 후세
에 이름을 날려 부모를 드러나게 하는 것이 효의 끝이다."

이 시대는 다른 정의를 요구한다. 직장을 잡는 것이 효의 시작이
고 결혼을 하여 자식을 낳는 것이 효의 끝이다. 사람의 인연이야 억
지로 만들어지지 않지만 독신주의자가 아님에도 늦게 결혼한 것이
못내 아쉽다.

임신하면 출산은
당연한 줄 알았다

결혼만 하면 금방 애가 생기는 줄 알았다. 결혼은 늦게 했어도 애는 빨리 낳고 싶었다. 안 생기니 모든 걸 나이 탓으로만 생각하게 되었다. 임신 소식을 기다리는 마음은 시험 결과 발표를 기다리는 마음과 비슷했다. 초산이 만 35세 이상이면 고령임신으로 분류한다. 당장 임신한다 해도 이보다 세 살이 많았으니 초조함이 밀려왔다. 병원 다니며 검사도 받아보고, 좋다는 한약도 먹었다. 아내는 전혀 술 담배를 못한다. 아이가 안 생길수록 나의 과도한 술 담배가 원인일 거라는 자가 진단만 하게 되었다.

다행히 결혼한 지는 얼마 안 되어 "애는 언제 낳을 거니?"라는 말은 듣지 않았다. 주변에서 주는 스트레스는 없었지만 스스로 스트레스를 받았다. 절에 다니는 어머니는 새벽마다 기도를 드렸다. 떡두

꺼비 같은 아들을 낳게 해달라고. 사실 이 나이에 아들이냐 딸이냐가 중요한 것은 아니었다. 무조건 하나만 생겼으면 하는 바람뿐이었다. 아내도 자식을 바라는 간절한 마음에 다니지도 않던 절에 나갔다. 꾸준히 다니진 않았지만 가서 기도를 드리고 《천수경》을 구입해 필사를 했다.

어느덧 해가 바뀌어 2014년 청마의 해가 되었다. 지성이면 감천일까. 1월 초 드디어 바라던 임신이 되었다. 결혼 후 8개월 만이었다. 우리 부부만큼 기다렸을 부모님에게 제일 먼저 알렸다. 아내는 떨리는 목소리로 "저, 어떻게 해요. 임신이래요."라고 말하면서 애써 눈물을 감췄다. 어머니도 기쁨을 감추려 애쓰면서 침착하게 며느리를 안정시켰다. 그러고는 두 손을 모으며 "부처님 감사합니다. 관세음보살."만 되풀이했다.

뜻밖에도 무뚝뚝하고 엄하기만 했던 아버지가 눈물을 주체하지 못한 채 소리 내어 엉엉 울었다. 할머니가 돌아가셨을 때도 눈물을 흘리지 않았던 아버지가 말이다. 할머니가 돌아가셨을 때 속으로만 울었던 아버지가 늦둥이 막내아들의 임신 소식에 더는 감동을 자제할 수가 없었던 것 같다. 눈물을 애써 참고 있던 아내가 시아버지를 부둥켜안았다. 두 사람은 그렇게 소리 내어 한참을 울었다. 임신은 시아버지와 며느리가 뜨거운 눈물을 흘리며 포옹하는 감격을 주었다.

임신만 하면 당연히 출산하는 줄 알았다. 정신적 충격을 받고 쓰러지며 유산하는 것은 드라마 속 이야기로만 생각했다. 초기엔 임신 사실을 함부로 말하지 말라고들 한다. 자칫 샴페인을 빨리 터뜨리는 상황이 온다. 10주 때도 16주 때도 아직 모른다는 말을 들었다. 심지어 25주가 되어서도 30주에 자연 유산된 사례를 들으며 가슴 졸였다. 어떤 사람은 임신 초기엔 가만히 누워만 있어야 한다고 하고, 어떤 사람은 운동 삼아 돌아다니는 것이 좋다고 한다. 누구 말이 정답인지는 모르겠다.

아내는 고령인 산모라 최대한 쉬는 방안을 택했다. 중등 교사이기 때문에 1~2월엔 방학 기간과 겹쳐 자연스러운 휴식을 취할 수 있었다. 3월부터는 한 학기 동안 산전産前 휴직에 들어갔다. 실제로 둘째를 임신했을 때는 휴직 없이 일하고 돌아다니다 13주차에 유산되었다. 의학적인 지식이 없어 쉬는 것과 움직이는 것에 대한 좋고 나쁨에 대한 근거는 말할 수 없지만, 산모의 움직임이 많았던 시기 둘째가 유산된 데에는 아쉬움이 남는다.

산모가 쉬기만 하면 모든 것이 수월할 줄 알았다. 태교에 좋다는 클래식 음악만 듣고 있으면 된다고 생각했다. 간간이 산부인과 가서 진찰 받다가 출산하는 줄 알았다. 병원도 아내 혼자 다녔다. 초창기 아내가 병원에서 받아온 태아 사진을 보여주며 많이 컸다고 해서 놀란 기억이 난다. 그 후 성별이 판별되자 아내는 내가 원했던 아들이라고 좋아했다. 그때까지도 나는 한 번도 병원에 같이 가지 않았다. 평일 낮 시간대라 근무 중이었고, 산부인과에 따라 가는 것이 쑥스럽게 느껴졌다. 아내도 "당신 일이 바쁜데, 혼자 가도 괜찮아."라고 했다. 당시엔 그런 줄로만 알았다.

딱 한 번 병원에 같이 간 적이 있다. 17주차 즈음 밤늦게 하혈이 심해 화들짝 놀라 병원에 갔었다. 의사에게 태아는 이상 없다는 말을 들었다. 하지만 약을 먹을 수 있는 상황이 아니어서 그냥 병실 침대에 누워 있으란다. 아내도 안정을 찾고 누웠다. 나에게 이제 괜찮으니 집에 가서 자고 출근하라고 했다. 나는 보호자 침대가 불편해 보여서 못이기는 척 집에 와서 잠을 잤다. 아내는 이틀 입원하고 사흘째에 퇴원을 했다. 퇴원하는 날도 바쁜 업무가 있어서 아내의 후배가 도와줬다. 미안한 마음 금할 길 없었지만, 아내는 괜찮다고 했다. 이때도 그런 줄로만 알았다.

출산 한 달 반을 앞두고 유아박람회에 갔다. 유아박람회는 생소했지만 아내가 필요한 물품 목록을 메모해서 갔기 때문에 대충 어떤 곳인지는 짐작했다. 박람회장에는 구경거리가 많았다. 도서 품목을 보니 태어날 아들에게 하루라도 빨리 읽어주고 싶은 마음이 들었다. 1시간 정도 이곳저곳을 둘러보며 상품 안내하는 분에게 유아용품에 대한 설명을 들었다. 이것도 필요한 것 같고 저것도 필요한 것 같았다. 아내도 메모해간 용품 외에 여기저기 눈을 돌리고 있었다. 2시간을 넘으니 만삭의 아내보다 내가 먼저 체력의 한계를 느끼게 되었다. 아내가 "이 색깔 마음에 들어? 이것도 살까?" 물어보면, 나는 "다 좋아, 필요하면 사." 이 정도 대답만 한 채 끌려 다니는 티를 냈다. 급기야 아내도 화를 냈다.

"내 물건도 아니고 아이 물건 사는 건데 귀찮아?"

호된 꾸지람을 들은 뒤 배냇저고리, 천 기저귀와 일회용 기저귀,

가방 등 최소한의 용품만 구입하고 집으로 왔다. 오후 5시에 도착해서 저녁 약속도 취소한 채 밤 9시까지 잤다. 내가 곯아떨어지는 모습을 보이자 오히려 아내가 미안해했다. 그 후로 백화점과 마트에서 쇼핑할 때 아무리 길어도 2시간을 넘지 않는다. 아내의 배려다.

출산 후에 느낀 점은 유아박람회에서 너무 많은 용품을 구입할 필요가 없다는 것이다. 선물로 배냇저고리와 옷이 많이 들어온다. 절약하겠다고 구입한 천 기저귀도 손세탁의 불편함과 오줌을 싸고 바로 처리를 안 해주면 위생에 더 안 좋기 때문에 일회용 기저귀를 권하고 싶다. 옷은 태어나서 지금까지 한 번도 사준 적이 없다. 새 옷을 선물로 받거나 주위에서 물려받았다. 물려받았다 해도 한 철 입고 준 것이라 새 옷 같아 보인다. 책도 한 권 사지 않았다. 300여 권을 주위에서 얻었다.

아내가 진통이 온다고 했다. 출산을 위해 병원으로 향했다. 다행히 토요일이라 같이 갔다. 긴장을 풀어주기 위해 가벼운 농담도 하면서 갔다. 아내는 웃고 있지만 떨리는 표정이 역력했다. 임신기간 중 당 검사, 기형아 검사 등 한 번 한 번의 검사를 받을 때마다 조마조마했던 기억이 떠올랐다. 모두 정상으로 나와 감사했었다. 나는 마지막 순산까지 도와 달라고 기도하며 갔다. 좋은 생각만 하자고 마음먹었지만 막상 병원에 도착하니 긴장이 극에 달했다. 주치의는 내일 출산이 될 것이라고 했다. 유도분만제를 맞고 쉬는 거 외에 특별히 할 일은 없었다. 간단히 김밥으로 저녁을 먹었다. 아내는 나보고 집에 가서 자고 내일 일찍 오라고 했다. 같이 있어야 할 것 같은데, 나까지 불편을 겪을 필요가 없다며 한사코 등을 떠밀었다. 아닌데 싶으면서도 나는 배려를 고마워하며 집으로 갔다.

드디어 출산 당일, 아내는 겁먹은 표정을 짓고 있었다. 새벽에 옆방 산모의 비명소리 때문에 잠을 한숨도 못 잤다고 했다. 집에 가서 자고 온 것이 미안해졌다. 걷기 운동을 계속 하라고 해서 복도를 왔다갔다만 했다. 출산 시간이 다가오자 내가 더 초조해졌다. 분만실과 흡연실을 오가며 줄담배만 피워댔다.

아내가 분만실로 들어갔다. TV에서 부부가 같이 분만실에 들어가는 모습을 보았는데, 우리가 다닌 병원은 산모만 들어오게 했다. 밖에서 할 수 있는 게 없었다. 기다리고만 있었다. 어느 순간 "응애응애" 소리가 들렸다. 나보고 분만실로 들어오라고 했다. 손가락으로 아기의 이마를 눌러 보며 아빠가 된 감사함을 전했다. 다음 날 주치의는 엄지손가락을 추켜세웠다. 마흔의 산모가 52cm, 3.61kg의 태아를 자연분만으로 낳았기 때문이다.

임신 중에는 아파도 약을 못 먹는다. 주기적으로 병원을 다니며 검사도 받아야 한다. 간혹 찾아오는 유산의 위기도 넘겨야 한다. 출산의 공포도 이겨내야 한다. 인내와 고통 없이 소중한 생명을 얻을 수 없다. 출산은 산모만의 몫이 아니라는 걸 뒤늦게 깨달았다. 대부분 남편들이 병원을 같이 다닌다. 나는 딱 한 번 하혈로 놀라서 같이 간 것이 전부였다. 출산 전날에도 아내를 홀로 병원에 남겨두고 집으로 왔다. 당시엔 아내의 배려라고만 생각했다. 돌이켜 생각해보면 이기적인 행동이었다.

여든이 넘은 어머니도 당신이 겪은 출산 당일의 서운함을 꺼내놓을 때가 있다. 진통이 와서 아버지에게 병원에 가자고 했더니, 아버지는 우리 형, 그러니까 아들하고 같이 가라고 했단다. 형은 나보다 열다섯 살이 많아 그때 어른 티가 났지만 어른은 아니었다. 어머니는 하는 수 없이 고모를 불러 같이 갔다. 아무리 옛날 분이라도 아버지는 너무했다. 훗날 우리 아들도 아빠가 잘못했다고 생각할 것 같다. 아내의 서운함도 평생 갈 것이다. 그래서 예비 아빠들에게 조심스럽게 부탁한다. 아내가 임신 중이면 남편도 임신 중이라 생각하자.

3

이름 짓기,
아버지와 내가
통하던 순간

아기 이름 짓기만큼 행복한 시간도 없다. 고민이라면 행복한 고
민이다. 태명이야 깔깔깔 웃으면서 희망이, 행복이, 알콩이, 사랑이,
뭐 이런 식으로 대충 지어도 되지만 이름은 신중에 신중을 더한다.

귀한 자식일수록 이름을 천하게 짓는다는 말이 있다. 예쁘게 지으
면 아이가 단명 한다고 생각했다. 이름이 고우면 귀신이 귀한 자식
인 줄 알고 잡아간다고 해서 일부러 천한 이름을 붙였다. 의학이 발
달한 현대사회엔 이런 미신을 믿고 이름을 짓는 경우는 없다고 본다.
모든 아이들이 귀한 자식이다. 모든 부모들이 아기에게 좋은 이름을
지어주고 싶어 한다.

아기 이름을 지을 때 기본적으로 돌림자를 쓴다. 부르기 쉬우면서도 의미가 담긴 이름을 생각해낸다. 이는 보편적인 경향이다. 반면 보편적인 경향에서 벗어나려는 부모도 있다. 이런 부모는 돌림자를 쓰지 않거나 한글 이름을 짓는다. 의미 부여에 크게 구애받지 않고 영어 이름 식으로 짓기도 한다. 우리 사촌 동생도 두 딸들이 훗날 미국에서 살 것이라며 '리한', '레나'로 지었다.

어떤 경향의 부모든 공통적으로 놀림받지 않는 이름으로 지으려 한다. 내가 초등학교와 중학교를 다닌 1980년대에는 한문으로는 뜻이 좋은데 한글 발음상 놀림거리가 되는 이름도 많았다. 이름으로 놀림을 당한 학생에게 선생님이 한문으로 의미가 참 좋다며 위로하고 놀린 친구들을 혼냈던 기억이 있다. 어린 시절 이름으로 놀림을 당하면 남들 앞에 잘 나서지 못하고 소극적이 될 가능성이 높다. 이름 때문에 학년 초 출석 부르는 시간이 싫어져서는 안 된다. 나는 아들에게 그런 원망을 듣지 않게 잘 지어주고 싶었다.

임신 후 성 판별이 되기도 전부터 아버지는 아기의 이름을 짓고 있었다. 손자일 때 이름과 손녀일 때 이름을 모두 지어 두었다. 나도 오래전부터 생각해 둔 이름이 있었지만 혼자 결정할 수는 없었다. 아내와 부모님 모두 만족할 만한 이름이어야만 했다.

우리 집안은 딸들까지도 모두 돌림자를 쓴다. 나는 집안의 막내이고 사촌, 육촌 형제들 중에서도 가장 늦게 결혼했기 때문에 남아 있는 좋은 이름을 찾기 어려웠다. 사촌 형제들까지는 조카들의 이름을 알고 있기 때문에 그 이름을 피해서 몇 자 생각해 놓았다. 한번은 생

아기 이름 짓기만큼 행복한 시간도 없다.
고민이라면 행복한 고민이다.

각한 글자를 아버지에게 물어보았더니, 나보다 스물 몇 살이나 많은 7촌 조카 이름과 같다고 했다. 그 글자는 바로 포기했다. 우리 아이만 돌림자를 안 쓰자니 일체감이 없어 보여 내키지 않았다. '성 김金'에 가운데 '진압할 진鎭' 자가 돌림자다. 이미 이름 석 자 중 앞 두 글자에 받침이 있다. 세 자 모두 받침이 들어가면 발음하는 데 어려울 수 있어서 마지막 자는 받침을 빼고 싶었다. 글공부 많이 하라는 의미에서 '글 서書'를 생각했다. 김진서金鎭書, 중성적인 느낌도 들어서 아들이든 딸이든 진서로 정했다. 연예인이나 유명 정치인 중에도 진서라는 이름은 없어서 놀림 받지도 않을 것 같았다.

아버지도 이름을 지어 놓았다며 한지에 붓으로 적은 이름을 보여 주었다. 아들이면 진서鎭書, 딸이면 수연秀燕이다. 뭔가 통했는지 아버지와 내가 지은 '진서'의 한자漢字가 같았다. 아버지는 딸이면 굳이 돌림자를 쓸 필요가 없다고 했다. 딸의 이름을 받아본 나는 "아버지가 생각이 진보하네!" 하고 하하 웃었다. 하지만 아버지는 손녀의 이름은 잘 떠오르지 않았나 보다. 수연이라는 이름은 너무 흔해 한 교실에도 몇 명씩 있다고 들었다. 딸이면 이름 고민을 많이 했을 텐데, 아들이 태어나서 진서로 정했다. 가족 모두가 만족한 이름이었다. 주변에서도 이름 예쁘다고 해준다. 다행이다.

"진서야, 이름처럼 책을 많이 보길 기원한다."

아기 엄마는
한 명이 아니었다

출산 후 2주 동안 아내는 산후조리원에서 보냈다. 산모가 편하게 지낼 수 있는 마지막 기간이다. 마사지와 두피 케어도 받는다. 출산 직후의 산모 동기들과 수다도 떨며 그간의 노고를 위로한다. 각자의 방에서 쉬고 있다가 아기가 깨서 울음을 터트리면 연락이 온다. 모유수유를 하러 가는데 시간은 대중없다. 자다가도 가야 한다. 전화가 오면 엄마들은 반사 신경에 벌떡 일어난다. 산모가 푹 자기를 원한다면 산후조리사가 분유를 먹인다. 아빠들도 퇴근 후 산후조리원으로 온다. 2주 내내 같이 자는 아빠도 있다. 정말 좋아서 같이 자는 경우도 있겠지만 대부분 의무감으로 잔다. 아무래도 잠자리가 불편할 수밖에 없다. 내내 같이 잔 아빠들은 죽는 줄 알았다고 말한다. 한 산모는 남편이 술을 마시러 갔다며 출산 동기들에게 푸념을 늘어놓았다.

이와 비슷한 경우 이해해주는 산모가 있는 반면 부부싸움으로 번지는 일도 있단다. 이번에도 나는 아내의 배려로 잠은 사흘만 잤다. 출근하면서 매일 오는 것도 피곤할 텐데 잠은 집에서 편하게 자란다. 못 이기는 척 집으로 왔다.

산후조리원을 나오면 대개 친정으로 가서 3~4주 친정엄마의 도움을 받는다. 이때는 남편들이 자유를 느끼는 기간이다. 특히 친정이 멀면 멀수록 자유를 만끽한다. 서울에 사는 후배 경찰 부부는 아기 엄마가 전라도 광주 친정집에서 4주를 보냈다. 남편은 데려다 줄 때와 데리러 올 때만 왔다고 한다. 후배의 아내는 남편이 한 번도 오지 않았다며 불만을 터트렸다. 아무리 거리가 멀고 또 경찰이 바쁜 직업이라 하더라도 좀 심했다고 생각한다.

아내도 친정에서 2~3주 쉬고 오려고 했다. 승용차로 30분 거리에 친정이 있다. 신생아 한 명 더 탔을 뿐인데 짐이 중형자동차 빈자리와 트렁크를 가득 채웠다. 처갓집이 가까웠지만 나는 잠자리와 출퇴근을 위해 집으로 돌아왔다. 돌아와서 제일 먼저 한 일은 술자리 약속을 잡은 일이다. 일주일에 세 번씩 2주 치의 약속이 잡혔다. 술 약속이 있는 날은 술을 마시고, 없는 날은 처갓집에 갔다. 담배도 내 마음대로 피우며 총각 때 느낀 자유를 누렸다. 하루가 1분처럼 느껴졌다.

기쁨도 잠시였다. 친정에 머문 지 이틀 만에 핸드폰에서 아내의 격앙된 목소리가 터져나왔다.

"당장 와!"

전화도 수시로 하고 아직 본격적인 술자리도 없었는데, 왜 화가 났을까? 순간 오만 가지 생각이 들었다. 아내는 당장 안 오면 택시를 불러 가겠다고 했다. 눈물을 머금고 처갓집으로 향했다. 이유는 장모 님과의 사소한 말다툼 때문이었다. 다시 한 짐을 차에 싣고 집으로 오는 길은 군 입영소로 향하는 느낌이었다. 다음 날부터 장모님이 수 시로 찾아왔다. 술자리는 모두 취소된 채 아내의 눈치를 보는 곁눈 질 육아가 시작되었다.

교사인 아내는 임신을 하자 3월부터 한 학기 산전産前 휴직을 했 다. 여름방학을 보낸 후 90일간의 출산휴가를 냈다. 아들이 10월 5 일생이라 출산 후 60일 가까이 쉬고 복직을 했다. 말이 복직이지 얼 마간 출근하다가 겨울방학으로 또 쉬었다. 교사가 방학 중에 출산하 면 손해다. 아내는 절묘하게 출산 전후로 방학 기간이 있어 이익을 봤다. 아들이 효자로 태어난 것이다. 이때까지는 아내가 아이를 전 적으로 돌보았다.

3월 신학기를 앞두고 아내는 깊은 고민에 빠졌다. 육아휴직을 하 면 금전적인 타격이 심해진다. 그렇다고 태어난 지 6개월도 안 된 아 이를 어린이집에 보내는 것은 내키지 않았다. 직장생활로 60일 만에 어린이집에 보낸 부모들은 한결같이 가슴이 찢어진다고 말한다. 우 리 아들은 60일이 아니라 6개월이었으니 다 컸다는 소리도 들을 만 했다. 하지만 60일이든 6개월이든 가슴 찢어지는 건 매한가지다. 최 소 돌은 지나고 보내고 싶었다.

요즘 맞벌이 아닌 부부가 어디 있을까? 특히 서민 중산층이 몰려 있는 지역에는 대다수가 맞벌이다. 나는 전형적인 서민 중산층 지역에 살고 있다. 육아휴직 안 하고 어린이집에 맡기지 않을 경우 할머니의 손길이 간절하다. 본가는 걸어서 5분 거리에 있고 처가는 차로 30분 정도 걸린다. 거리상 이점이 있다. 아쉬운 점은 우리는 고령의 출산 부모들이라 어른들의 연세도 높다는 것이다. 우리 어머니도 칠십대 후반이었다. 더욱이 아버지는 손자를 본 지 60일 만에 병원 신세를 졌다. 퇴원 후에도 집에서 침대생활을 했기 때문에 어머니는 아버지의 대변처리까지 맡았다. 어머니는 당신의 몸도 성한 곳이 없다. 조금만 걸어도 숨이 찬다. 무릎과 허리가 안 좋아 늘 물리치료와 주사치료를 받는다. 이런 어머니가 아버지 수발을 하고 있으니, 손주 기저귀를 갈아달라는 말이 도무지 떨어지지 않았다.

그나마 장모님은 육십대 후반이었지만 간암 수술을 받았다. 주기적으로 검사를 받고 약을 꾸준히 드시며 회복하는 중이었다. 충분한 휴식이 절대적으로 필요했다. 매일 우리가 살고 있는 집으로 오기도 힘들고, 우리가 어린애를 데리고 가기도 불편했다. 하는 수 없이 어린이집을 알아보았다. 그런데 장모님이 아기를 돌봐줄 테니 걱정 말라고 했다. 나는 장모님의 심정을 헤아려보았다. 처제가 아직 결혼을 안 하고, 결혼한 처남도 아이가 희귀병에 걸려 죽었다. 우리 아들이 하나밖에 없는 귀한 손주다. 장모님은 그 귀한 손주를 몸소 돌보고 싶었던 것 같다. 아내 입장에서도 친정엄마가 돌보는 것이 편했다. 혹 마음에 안 드는 부분이 있으면 친정엄마에겐 짜증내며 소리칠 수 있으니까. 시어머니라면 복장만 터질 테니까.

우리 아들은 장모님의 손에 맡겨졌다. 하지만 장모님도 주 5일 중에 한 번은 병원에 꼭 가야 할 처지였다. 그 하루는 어머니가 채워주었다. 두 할머니들이 본인 몸 건사하기도 힘든데 사랑의 힘으로 결정한 것이다.

문득 출산 직후 손주를 면회하기 위해 병원에 달려왔던 어머니가 생각났다. 평소 허리와 무릎이 아파 죽겠다 죽겠다 하던 분이 면회를 알리는 종이 울리자 복도를 뛰어왔다. 손주를 위해서라면 황소도 때려눕히고 셰퍼드 하고도 싸울 기세였다. 어머니 스스로도 당신 모습에 놀랐다.

가진 것은 의욕뿐인 두 할머니의 손주 돌보기가 시작되었다. 월요일부터 목요일까지는 장모님이 우리 집에서 돌보았다. 우리 부부가 출근 전에 아이를 맡아야 했기 때문에 새벽부터 일어나 장인어른 식사를 챙기고, 지하철을 한 번 갈아타서 왔다. 금요일엔 아내가 시댁에 들러 아이를 맡기고 출근했다. 어머니에게 맡긴 첫날, 분유를 타서 먹이는데 아이가 자지러지게 울며 먹기를 거부했다. 안절부절못한 어머니는 같이 눈물을 흘렸다. 아버지가, 할머니가 타준 분유가 맛이 없어서 그런지 울기만 한다며 안쓰러워했다. 엄하고 무뚝뚝한 아버지가 이런 표현을 할 줄은 몰랐다. 그만큼 아버지도 손주를 애지중지했다.

2주일 정도 지났을까. 우려했던 일이 발생했다. 장모님의 체력이 말도 못하게 떨어졌다. 겉으로 보기에도 피곤한 기색이 역력했다. 이때부터 처제가 소방수로 긴급 투입되었다. 처제는 박사과정 마지막

학기와 논문학기를 남겨두고 있었다. 결혼을 안 한 노처녀이다. 갓난 아이를 케어해본 적이 없다. 일과 공부만 했다. 그런데도 해냈다. 처제는 이모이기 때문이다. 어느 집안이건 이모들의 조카 사랑은 유별나다. 특히 미혼의 이모들은 더하다.

장모님과 처제가 이틀씩 아기를 맡았다. 배워도 들어도 분유타기조차 헷갈렸던 나보다 처제는 아기를 잘 돌봐주었다. 처제는 아이가 잠자고 있을 때 틈틈이 논문을 썼다. 박사학위 논문 도입부에는 보통 지도교수님과 가족에 대한 고마움을 표시한다. 처제는 사랑스러운 갓난 조카에게도 고마움을 표현했다. 아이가 커가면서 이모를 더욱 찾는 이유는 이모가 엄마와 같은 사랑을 베풀었기 때문이다.

퇴근 후와 주말엔 육아는 당연히 우리 부부의 몫이다. 술을 전혀 못하는 아내는 늘 칼퇴근을 했다. 나는 일이 바쁘다는 핑계로, 주중에도 간혹 주말에도 아내에게 떠넘기는 경우가 많았다. 다행히 그토록 바라던 아이가 태어나서인지 아내는 산후 우울증을 겪지 않았다.

태어난 지 15개월째에 접어들면서 아들은 마침내 어린이집으로 보내졌다. 그 순간까지 온 식구가 엄마였다. 여러 엄마에게 사랑을 듬뿍 받은 우리 아들은 정말 행복한 녀석이다.

chapter 2

초보 아빠 빵점 육아

뭘 알아야 아빠 하지

4킬로그램 아이 안기가 40킬로그램 초등학생 안기보다 더 떨린다. 아이를 처음 안을 때 느끼는 감정이다. 한쪽 팔이 완전히 경직된다. 아이를 힘겹게 안으면서 편하게 안을 수 있을 때까지 얼른 커주길 바랐다.

똥을 쌌을 때 뒤처리를 물로만 씻을지, 물티슈로 닦아야 할지, 휴지면 충분할지 몇 번을 봐도 할 때마다 헷갈렸다. 아이가 스스로 처리할 수 있을 만큼 얼른 커주길 바랐다.

분유의 양이 100이었나?, 150?, 200? 어느 정도의 양을 주라고 몇 번을 들었는데도 그때마다 헷갈렸다. 아이가 알아서 먹을 수 있을 만큼 얼른 커주길 바랐다.

나는 아빠로서 뭐 하나 제대로 하는 게 없었다. 전략을 바꿨다. 분유 주고, 기저귀 갈고, 애 재우는 일은 슬쩍 아내의 몫으로 넘기고. 대신 청소와 설거지를 해서 아내의 부담을 덜어주려고 했다. 이렇게 하는 것도 육아를 함께하는 것으로 생각했다. 아내는 분유 하나 제대로 못 탄다며 슬슬 짜증을 내기 시작했다. 아내는 자다가도 아이가 울면 일어나 기저귀를 확인해야 했다. 급기야 아내도 화를 냈다.

"도대체 하는 게 뭐야? 다른 집 아빠들은 다 잘한다는데, 애는 나 혼자 키워?"

"당신이 피곤할까봐 청소하고 설거지는 내가 하잖아. 같이 하는 거 아냐?"

"그건 육아가 아니야!"

아내는 분통을 터트렸다.

태어나서 100일 동안은 밤낮이 바뀐다. 아이는 밤에도 잠 잘 생각을 안 한다. 덕분에 일하고 온 부모는 피곤해도 못 잔다. 하루는 아이가 새벽 2시에 엄마 아빠를 깨웠다. 아이가 잠을 안 자는데 아내는 도저히 피곤해서 못 재우겠단다. 아내는 침대에 누워버렸다. 내가 아이를 안고 대충 생각나는 자장가를 불러주며 재우기를 시도했다. 하지만 아이는 눈만 말똥말똥 뜨고 있었다. 새벽 5시가 되어서야 겨우 잠들었다. 내내 벌 서는 기분이었다.

다음날도 또 다음날도 잠 안 자기는 마찬가지였다. 주변에 아이를 키우는 부모들에게 물어봤다. 차를 태워주면 스르르 잠이 든다고 했다. 새벽 1시 넘어 차에 태운 후 이 동네 저 동네를 돌아다녔다. 20~30분 후 잠든 아이를 확인했다. 나도 육아에 대해서 공부하고 있다고 아내에게 자랑하며 집으로 돌아왔다. 조심조심 침대에 눕히자마자 두 눈을 번쩍 떴다. 내 눈은 더 커졌다. 아내는 입술을 깨물며 다시 아이를 안고 재우기를 시도했다. 나는 옆에서 보고 있다가 애꿎은 침대만 주먹으로 내리쳤다.

"침대에 못이 박혀 애가 잠을 안 자는 거 아냐?"

혼자 아이 보는 것은 두려웠다. 아이는 태어난 지 230일 만에 처음으로 아빠하고만 잤다. 아내가 교통사고로 입원을 해서 내가 휴가를 냈다. 반나절 정도 같이 있어본 적은 있지만 엄마 없이 잠을 잔 적은 아이도, 나도 처음이다. 겉으로는 걱정 마라며 큰소리를 쳤지만 솔직히 불안했다.

'계속 울면 어떻게 달래주지?'

조마조마해 하며 잠을 청했다. 새벽 4시경 아이의 울음소리에 화들짝 놀라 깼다. 먼저 기저귀 상태를 확인했다. 아직 갈아줄 때가 아니었다. 얼른 분유를 타서 먹였다. 200ml 넘게 먹고는 다시 잠들었다. 한 시간 정도 지나서 또 아기 울음소리에 깼다. 이번에는 기저귀를 갈아줘야 했다. 군대 시절 불침번을 서는 것보다 더 힘들었다. 아내가 입원한 3일간은 불안과 긴장의 연속이었다.

아들과 둘만의 밤을 보낸 첫날은 8시에 일어나 아침밥을 먹었다. 밥을 먹다가 문득 아이가 잘 자고 있나 들여다보니, 잠에서 깬 아이가 아빠를 쳐다보며 씩 웃었다. 언제부터 눈을 뜨고 있었는지는 모른다. '잠자고 일어날 때 무조건 울었던 것 같은데 이젠 울지 않는구나!'

아들이 한 단계 성장한 것 같았다. 아무 말도 못해서 잠에서 깨어나 쳐다봐주기를 기다리기만 했던 아이, 그 아이가 아빠와 눈이 마주치자 씩 웃던 얼굴은 평생 기억에 남을 것 같다.

아빠와의 스킨십이 적어서일까? 돌 지나 15개월이 되었는데도 아이는 두 할머니를 더 좋아했다. 퇴근 후 집에 도착하면 아빠에게 달려오지도 않았다. 외할머니 품에 안겨 쳐다보지도 않았다. 친할머니가 어부바 하면 아무리 아빠가 오라고 해도 칭얼대며 고개를 가로저었다. 누구나 자기를 좋아해주는 사람을 따르기 마련이다. 두 할머니 모두 당신들의 몸이 아픈 것도 참고 손주를 돌보니, 그 사랑을 받은 손주가 할머니들을 더 따르는 것은 당연했다. 할머니들이 집에 왔다 갈 때 아이는 문 앞에서 늘 서럽게 울었다. 가지 말라고 손짓 발짓 해가면서.

"할머니 간다. 진서 잘 있어!"

하고는 문을 닫았다가 다시 연다.

"할머니 진짜 간다."

그러고는 또 문을 닫았다가 다시 연다. 몇 번을 되풀이하는데, 아이는 그럴 때마다 천국과 지옥을 왔다갔다한다. 그 장면을 볼 때마다 할머니들은 흐뭇해했다.

20개월이 됐는데도 아빠를 거부하는 행동을 보였다. 퇴근해서 집 안으로 들어오는데, 누워 있던 아이가 현관문 앞으로 뛰어와 들어오지 못하게 했다. "아냐, 아냐." 외치며 고개를 심하게 가로저었다. 아이는 울면서 심지어 문을 못 열게 했다. 내가 억지로 문을 열고 들어가니, 아빠 바지를 힘껏 움켜쥐고 문 밖으로 밀어냈다. 힘으로 안 되니 바닥에 누워 자지러지게 울었다. 엄마가 안고 달래도 소용이 없었다. 한 시간 정도 산책을 다녀와서야 겨우 진정이 되었다.

'아빠를 왜 거부하지?'

아무리 생각해도 답이 나오지 않았다. 엄마에겐 이런 행동을 하지 않는다. 아이의 기분은 전혀 모른 채 서운하다는 생각만 했다.

아내도 육아에 지쳐 한계에 다다를 때가 있다. 그때는 당연히 나의 손길을 원한다. 문제는 아이가 엄마 곁을 떠나지 않는다는 것이다. 아빠 품에 안기면 운다. 이럴 때마다 나는 평소에 아이와 놀아주며 친해지라는 핀잔을 듣는다. 아무리 아빠가 아이와 잘 놀아준다고 해도 세상에 어떤 아이가 아빠보다 엄마를 더 좋아할까? 그것도 엄마의 절대적 보호가 필요한 돌 전후의 아이가. 엄마 아빠와 같이 있을 때 아빠를 좋아하는 아이는 없다. 소아 정신과 의사나 유아 교육 학자가 아니어서 단정적으로 말할 수는 없지만 그렇다고 믿고 싶다.

기저귀를 떼기 전까지 육아는 당연히 엄마 몫이라고만 생각했다. 부족한 나에 대한 합리화였다. 스스로 대소변을 해결하면 공놀이도 해주며 많은 시간을 보내려고 했다. 아내에겐 이때까지만 고생하라고 했다. 크면 당신과 아이가 보낼 시간이 없을 정도로 내가 다 하겠다고 큰소리를 쳤다. 당장의 육아에는 신경을 안 쓰면서 훗날 잘하겠다는, 이기적인 발상이었다.

아들을 외면하며
집을 나섰다

아이가 태어나면 아이를 중심으로 생활 패턴을 바꿔야 한다. 나는 아내가 바꿔야 한다고 생각했다. 결혼 전만큼은 아니지만 술자리가 잦았고, 업무 성과에 대한 욕심도 많았다. 아내는 전혀 술을 못 마신다. 직장에서 단체 회식을 하는 경우가 아니면 저녁 약속이 없다. 덕분에 나는 마음 놓고 약속을 잡을 수 있었다. 가정이 최고야 하는 말은 내 귀에 들리지 않았다.

밭일 하러 갈래, 애 볼래, 라고 물으면 밭일 하러 간다는 말이 있다. 그만큼 애 보기가 힘들다는 의미다. 애 보기가 싫어서 퇴근을 일부러 미루는 아빠들의 이야기를 들었다. 집으로 출근하는 기분이란다. 총각 시절엔 이해가 되지 않았다. 어린아이를 둔 친구들과 술 한잔할 때도 빨리 들어가야 된다는 말을 이해하지 못했다. '엄마가 키우지 아빠가 키우나? 꽉 잡혀 사네.'라고만 생각했다.

　고등학교 시절 시골에 사는 어린 조카들이 오면 보고 싶은 마음에 학교 수업이 끝나기가 무섭게 곧장 집으로 왔다. 학원도 안 가고 친구들과도 안 놀았다. 다섯 살 된 어린 조카를 데리고 대공원에 놀러 가기도 했다. 보름 정도 머물다 가면 눈에 아른아른거렸다. 떠난 후 보름이 되어서야 잊을 수 있었다.

　자식은 조카와 달랐다. 조카들의 케어는 어머니가 전적으로 했기 때문에 그저 귀엽게 바라보고 안아주면 그만이었다. 아들의 케어는 전적으로 부모 몫이다. 내가 케어할 때는 아내의 눈치도 봐야 한다. 분유의 양이 많네, 적네, 뜨겁네, 차갑네 등등 하나부터 열까지 아내의 기준을 충족시켜야 한다. 관중의 입장으로 지켜본다는 건 상상할 수도 없다. 나는 아빠가 되어서야 직장에서의 퇴근은 집으로의 출근이라는 말에 전적으로 공감했다. 직장에는 지각을 안 했지만 집으로의 출근은 지각이 잦았다. 집에 갈 때는 늘 소걸음으로 걸었다.

　경찰은 부서 업무에 따라서 평일과 휴일이 따로 없다. 오후 6시 땡 하면 퇴근하는 것도 아니다. 아들이 태어나서 33개월까지는 일근 부서인 정보과에 근무했다. 일근 부서라 해도 외부 사람들 만나 밥 먹고 술 마시는 일이 잦았는데, 업무의 연속이라 스스로 정의 내렸다. 휴일에도 사무실에 나가지 않고 집에만 있으면 불안했다. 쉬면서도 일 생각을 했다. 주말마다 혼자 아들을 돌보던 아내는 나를 잡아두기 위해 마음에도 없는 소리를 했다.

"이번 주말에 친구 만나서 영화 보기로 했으니까, 집에서 애 좀 보고 있어."

아들과 잠시라도 떨어지기 싫어하는 아내가 아들을 나에게 맡기고 친구들과 영화 보고 올 일은 없다. 그냥 해본 소리가 틀림없다.

"안 돼, 사무실 나가서 중요한 보고서 만들어야 돼."

"그 사무실은 당신 없으면 안 돌아가?"

"어."

"나도 좀 쉬어 보자. 다른 집 아빠들은 와이프 고생한다고 주말에 혼자 애 본다며 친구들과 여행 갔다 오라고 한다더라."

사실 내가 없어도 사무실은 잘 돌아간다. 일하고 싶었을 뿐이다. 주말에 만나야 될 사람도 있었다.

한번은 아들과 놀아주다가 술 약속이 있어서 나가게 되었다. 아들이 입을 쭉 내밀며 "아빠 어디 가?" 하고 물었다. 뜨끔했지만 애써 외면하며 집을 나섰다.

사십대에 접어들었어도 나는 새벽까지 술 마시고 다음날 멀쩡히 출근해서 일하곤 했다. 과음해도 일하는 데 지장이 없었다. 그런데 어린 아들과 몇 시간 놀아줄 기운은 쇠약했다. 당직 날에는 경찰서에서 잠을 잤다. 집회 시위가 있으면 야간이나 휴일에도 근무를 해야 한다. 아들이 태어난 해인 2014년 여름부터 2017년 봄까지는 유독 집회 시위가 많았다. 세월호 참사부터 탄핵정국까지 크고 작은 집회가 계속 이어졌다. 퇴근 후와 주말이 보장되지 않았다. 경찰 업무에 대한 적성이 맞아서 그런지 일하는 것은 즐거웠다. 촛불집회가 한창일 때는

3개월 넘게 주말이 없었다. 토요일 낮 1시부터 다음날 새벽 6시까지 밥 먹을 시간조차 없이 근무한 적도 있었다. 아들과 스킨십하며 친밀감을 나누는 시간은 주말에도 일하는 만큼 자연히 줄어들었다. 그래도 집에서 애 돌보는 것에 비하면 일하는 피곤함은 새 발의 피였다.

아들이 34개월이 된 후부터는 교대부서인 지구대에서 근무했다. 교대부서의 특성상 평일 낮에도 시간 활용이 가능하다. 반면 평일 저녁 시간대와 주말이 보장되지 않는다. 아들은 이미 어린이집을 다니고 있었다. 평일 낮에 집에 있어도 아들을 볼 시간이 없었다. 야간근무 날이면 낮에 한숨 자고 가야 했고, 밤샘 근무를 하고 퇴근을 한 날도 몇 시간은 자야 했다. 야간근무를 하는 주말이면 아내는 편하게 자라며 아들을 데리고 밖으로 나갔다. 평일 야간근무 때는 아예 보지도 못하고 출근하는 경우도 있었다. 교대부서가 쉬는 시간이 많이 난다고 하지만 그 시간은 나만의 시간이었다. 아들과 함께할 시간은 더욱더 줄어들었다.

중등교사인 아내는 달랐다. 아내는 장학사가 꿈이었다. 신혼 초 장학사 준비를 할 수 있는 교재와 학원을 알아보았다. 교감 승진에 유리하다며 고과를 챙기기 위해 경기도내 도서벽지 지역 신청을 고려하고 있었다. 교사 시작을 지방에서 하여 1년만 더 하면 요건을 충족한다고 했다. 그런 아내가 아들이 태어나자 장학사의 꿈도 접었다. 오로지 아들만 생각했다. 도서벽지가 아닌 출퇴근이 가까운 경기도에서 근무하고 싶어 했다.

마흔에 첫 아이를 출산한 아내는 3~4년이 지날 때까지 둘째를 낳겠다는 꿈을 버리지 못했다. 여자들의 사회진출과 출세 욕구가 강해졌지만 아내에게는 자식을 위해 희생하며 자신을 더 사랑하게 되는, 전형적인 옛 엄마들의 모습이 남아 있었다. 그러나 둘째는 임신 후 13주 만에 유산되었다. 나는 속으로 애는 하나만 있어도 상관없다고 생각했다. 아내는 나와 달리 며칠을 서럽게 울었다.

아내는 한 푼이라도 더 벌겠다며 주말 돌봄 교실 수업을 나갔다. 주말에까지 친정엄마와 여동생에게 신세질 수 없다며 돌이 갓 지난 아들을 데리고 갔다. 아빠인 내가 집에서 돌보는 것보다 본인이 학교에 데리고 가서 돌보는 것이 마음 편하다고 했다. 걱정은 되면서도 한편으로는 몸과 마음이 편해서 고마웠다. 아내의 배려인지, 아내가 아들을 너무 사랑해서인지는 모르겠지만 아들과 친해지는 기회는 점점 멀어져만 갔다.

이 글을 쓰는 2019년엔 생각이 달라졌다. 업무 욕심으로 성과를 내면 얼마나 내겠는가? 사람들 만나 술을 마신다고 인간관계가 얼마나 돈독해지겠는가? 하는 생각이 들었다. 업무 성과에 대한 분명한 공과가 있지만 아쉬움 속에 접어두기로 했다.

초등학교 3학년 때의 일이다. 경찰이었던 아버지는 승진에 대한 기대감이 컸다. 그런데 마지막 기회에서 승진이 누락되었다. 계급정년에 걸려 좀 일찍 퇴직했다. 2년 동안 집에만 있으면서 연금으로 생활했다. 유일한 위로는 막내아들인 내가 "학교 다녀오겠습니다!" 하고 인사하는 모습을 보는 것이라 했다.

어차피 퇴직 후 돌아올 곳은 가정이다. 늙어 신음하고 있을 때 돌봐주고, 늙어 판단력이 떨어졌을 때 어떤 결정을 해줄 수 있는 사람도 가족이다. 내가 틈만 나면 아들과 놀아주려고 노력하는 이유이다. 지금까지 생각만 했지 행동으로 옮기지 못한 것이 아쉽다. 지금부터라도 아빠 노릇 잘해야겠다.

3
우리 아들의
토끼인형 애인

아들은 선물로 받은 것 중에 토끼인형을 가장 좋아한다. 사내아이
는 로봇이나 자동차 같은 장난감만 좋아할 줄 알았는데 의외였다. 아
들보다 두세 살 많은 부모들의 말을 들어보니 인형은 남자아이, 여자
아이 할 것 없이 어린 시절 심리적 안정에 도움이 된다고 했다. 아들
은 집에서는 물론이고 외출할 때도, 잠잘 때도 옆에 끼고 있어야 한
다. 어쩌다 세탁을 하는 날이면 잠도 안 자고 울기만 한다. 채 마르지
도 않은 인형을 안겨주면 이내 안정을 찾고 스르르 잠든다. 세탁할
때 하도 울어서 똑같은 새 인형을 사주었다. 새것은 소용없었다. 헌
인형이라도 특유의 냄새와 느낌이 있나 보다. 억지로 떼어놓으려 하
면 소리를 지르고 공격적으로 변했다.

TV에서 병든 사람이 죽는 장면이 나왔다. 자식들이 슬퍼 우는 모

습을 보고 아들은 토끼인형을 안고 슬퍼했다. 반대로 기뻐하는 장면이 나오면 인형에 뽀뽀를 하며 똑같이 좋아했다. 교감하면서 감정 표현을 인형에게 하는 것이다.

돌 지나면 떨어지겠지 생각했는데, 52개월이 지나도 아들은 토끼인형에 껌딱지처럼 달라붙어 있다. 외출할 때 토끼인형을 챙기지 못해 차를 돌려 다시 집에 오는 경우도 많았다. 아이들이 좋아하는 뽀로로를 틀어줘도 토끼인형이 없으면 짜증내며 안절부절못했다. 할아버지 집은 걸어서 10분 거리에 있다. 밥만 먹고 금방 올 텐데, 토끼인형을 집에 놓고 왔다면 다시 갖고 와야 했다. 어린이집도 같이 다닌다. 어린이집을 옮길 때마다 토끼인형을 잘 챙겨 달라고 신신당부해야 했다. 언제까지 챙겨야 할지 막막하다.

2017년 3월 30일 어린이집 알림장의 글을 여기 옮긴다.

　　진서와 토끼를 천천히 떨어져 있게 하고 있습니다. 나름대로 힘들겠지만 생각보다 지도에 잘 따르고 있습니다. 잠잘 때만 토끼를 안고 자기로 약속했습니다. 토끼를 품에 안겨줬더니 금방 잠들었어요.

아이들이 심리를 잘 아는 어린이집 선생님도 스트레스를 적잖이 받았을 거라 생각된다.

<토끼인형 분실 소동> 중에서

엄마가 늦게 퇴근하는 날이다. 분식집에서 김밥과 순대를 사가지고 와서 저녁을 먹었다. 식사 후 피곤해서 소파에 앉아 졸고 있었다. 어깨를 치며 아빠를 부른다. 눈을 떠보니 아들의 눈은 더 커졌고 목소리는 다급했다.

"토끼, 토끼!"

토끼가 없어졌다. 분명 들고 온 것 같은데……. 문 앞에 떨어졌나? 집 안 곳곳을 찾아보아도 없었다. 한편으로는 토끼인형을 떼어 놓을 수 있는 절호의 기회라 생각했다. 아들은 곧 울음을 터트릴 듯 불쌍한 표정을 짓고 아빠만 처다보고 있었다. 아들의 손을 꼭 잡았다.

"가자. 김밥집에 가서 찾아보자."

"응, 빨리 가보자."

희망을 찾은 힘찬 목소리였다. 김밥집 사장님도 못 보셨다고 하셨다. 집으로 돌아오는 길에도 표정을 살피며 달래주는 대화를 시도했다.

(아들의 머리 위에 손을 얹고 아빠의 가슴 쪽으로 향하며) "우리 진서 많이 컸다. 이제 인형보다 아빠랑 공놀이하며 놀자. 인형을 갖고 다니는 친구들도 없잖아?"

"……."

아무 대답이 없었다.

"인형보다 멋진 로봇 장난감 사줄게. 이젠 다른 거 같고 놀자."

"네."

힘없는 목소리로 고개를 끄덕인다. 토끼인형이 없어도 보채지 않겠지,라는 기대감과 당장 오늘 밤부터 울고불고 투정을 부리면 어쩌나,라는 불안감이 교차했다. 차라리 잘됐다고 생각했다. 스트레스가 확 날아갈 것이라 믿었다. 아무리 찾아도 없던 인형을 엄마가 바로 찾아냈다. 이불 속에 있었다. 당장의 불안감은 사라졌다. 스트레스는 남겠지만 심리적 안정을 찾은 모습에 안도의 한숨을 쉬었다.

 2019년 1월 5일 일기(DAY 1569)

<토끼인형 수술한 날> 중에서

토끼인형을 들고 퇴근하고 돌아온 아빠 옆으로 왔다.

"아빠, 나 울었어."

"왜?"

"토끼 귀 부분을 잘라내는데 눈물이 나왔어. 엄마도 울었어."

기다란 귀 부분이 3cm 정도가 잘렸다. 낮은 목소리로 또박또박 말해주는 아들 모습이 짠했다.

"토끼도 진서와 같이 여섯 살이 되었어. 오래 살지 못해. 사람으로 말하면 할아버지, 할머니야."

아무 말 없이 진지하게 듣고 있다.

"할아버지, 할머니가 되면 몸이 아파서 수술도 해야 돼."

아들은 슬픈 표정으로 끄덕끄덕했다. 이 모습을 보면 볼수록 애
잔했다. 이틀 후 세탁소에서 토끼 귀를 깔끔하게 박음질해주었다.

토끼인형에 대한 스트레스 해소 노력이 시작되었다. 백화점 장난
감 코너에 데리고 갔다. "아빠, 최고!" 소리를 들으며 원하는 공룡 장
난감을 세 개 사주었다. 사나흘 지나니까 외팔이 공룡, 외다리 공룡
이 되었고, 며칠 안 되어 행방불명되었다. 거금만 날렸다.

아동심리에 대해 공부를 해보기로 했다. 외출할 때마다 받는 토끼
인형 스트레스를 날려버리고 싶었다. 간절했다. 소아정신과 의사가
쓴 책을 읽었다. 우리 아들과 같은 사례와 해결책을 제시한 책이었다.

인형과 장난감에 집착하는 것 외에 이불에 집착하는 아이도 있다.
더러워져서 세탁을 하는 날이면 울며불며 난리가 난다고 한다. 아이
와 늘 실랑이가 벌어진다고 한다. 부모는 아이가 한 가지 물건에 집
착하는 경우 편집증 같은 정신적인 문제를 걱정한다. 한 가지 물건
에 집착하는 모습은 특정 아이에게만 보이는 현상이 아니라 대부분
의 아이에게서 나타난다고 한다. 아이가 엄마로부터 독립하는 과정
으로 정의 내린다. 이런 경우 어느 정도 시기가 지나면 자연스럽게
사라진다고 결론 내린다. 우리 아들의 '어느 정도 시기'는 언제인지

아들은 선물로 받은 것 중에 토끼인형을
가장 좋아한다.

도무지 가늠할 수가 없다.

　또한 집착은 애착이 결핍될 때 나타난다고 한다. 집착의 정도가
심할 때 정신과 상담을 받아 보라고 한다. 우리 아이는 아빠는 몰라
도 엄마하고는 늘 대화하고 스킨십하며 지내기 때문에 애착이 결핍
될 여지가 없었다.

　결국 시간이 해결해주기를 기다리는 수밖에 없을까? 기약이 없었
다. 하루라도 빨리 벗어나고 싶었다. 이 문제에 대해 아내와 대화를
나누었다. 아내는 급할 것 없다며 인형을 통해 기쁨, 슬픔, 사랑, 희
망을 나누는 모습이 정서함양에도 좋을 것 같다고 했다. 듣고 보니 일

리는 있다. 정서함양에 도움이 된다면 외출 시 받는 스트레스는 감수할 만하다. 오히려 진서와 인형을 통해 내가 사랑을 배워야 한다. 아빠에 대한 사랑 결핍으로 나타난 행동일 수 있다. 반성하고, 더 사랑해주기로 약속해 본다. 토끼인형을 억지로 떼어 놓을 수 없다. 초등학교 입학 할 때까지만 애인이 되어 주길 바랄 뿐이다.

초콜릿으로 달래다가
초콜릿이 안 통하면?

초콜릿이나 탄산음료는 최대한 늦게, 최소한의 양만 먹기를 바란다. 이 땅의 모든 부모들 마음이다. 아들이 두 돌 때까지는 먹일 일이 없었다. 일부러 사서 먹이지는 않았는데, 어느 순간부터 하나두개씩 먹고 있다. "그만 먹어." 할 때까지 무한정 먹어서 탈이다. 하지만 아이와 어색한 관계를 유지하는 아빠로서 초콜릿은 떼쓰는 아이 달래기에 최고였다.

2017년 1월 4일 일기(DAY 828)

'퇴근길 아들을 데리러 가는 두려움' 중에서

아내의 퇴근이 늦어지는 날에는 할머니나 내가 진서를 데리러 어린이집에 가야 했다. 언제부터인가 엄마가 오지 않으면 심통을 부린다. 어린이집을 다닌 초창기에는 누가 가도 웃으면서 손잡고 따라왔다. 어린이집 다닌 지 10개월이나 되었는데도 엄마만 찾는다. 며칠 전 할머니를 보고 바닥에 누워 '싫어'의 유사 발음인 '시어시어'를 외치며 자지러지게 울었단다. 어린이집 선생님께서 "손주와 좀 더 친해지셔야겠어요."라고 말해 창피함을 느끼셨단다. 우는 모습이 불쌍해서 데리러 가는 것이 엄두가 안 나신다고 하셨다.

어린이집 초인종을 누르고 문이 열리는 순간이다. 초인종 소리를 듣고 아이들이 일제히 문 앞으로 달려온다. '우리 엄마 아빠가 오셨나?' 기대 가득한 표정을 짓는다. 우리 진서도 여러 아이들과 같이 서 있다. 다른 아이들은 모두 웃고 있는데 내 자식만 웃음기 사라진 얼굴이다. 문 반대 방향으로 고개를 돌리더니, 반대편 끝으로 도망치듯 간다. 엄마를 부르며 서럽게 운다.

내가 직접 겪은 일이다. 사실 얼마 전부터 아들은 아빠를 보고도 실망하는 표정을 짓는다. 퇴근 후 데리러 가는 내 발걸음은 무거워졌다.

엄마를 부르며 서럽게 운 그날, 선생님은 아빠가 왔다며 달래주었다. 하지만 역시 진서는 '시어 시어'를 외치며 극렬히 저항했다. 순간 얼굴이 화끈거리며 얼음이 되었다. 선생님은 한참을 달래다가 반 강제로 문 앞으로 데리고 왔다. 나의 주머니 속 초콜릿은 마지막 보루였다. 진서는 다행히 초콜릿 하나를 먹으며 따라왔다.

저녁을 먹으러 할아버지 집에 가야 했다. 진서가 엄마 집으로 가자고 졸랐다. 초콜릿 하나를 더 주어서 데려갔다. 할아버지 집에도 초콜릿이 있었다. 할머니도 떼쓰기 대비용으로 초콜릿을 준비하고 있었던 것이다. 엄마는 하나만 주는데, 할머니는 네 개까지 준다. 요구르트도 엄마는 두 개만 주는데 할머니는 네 개를 준다. 엄마는 단호하게 제한하는데, 할머니는 손주가 울면서 달라고 하면 네 개까지 준다. 탈날까 걱정하면서도 계속 우는 모습이 안쓰러워 네 개까지 주는 것이다.

"진서야, 엄마에게는 절대 말하면 안 돼!"

"응, 응."

할머니는 신신당부하고, 손주는 걱정하지 말라며 대답과 몸짓을 했다.

초콜릿을 얻어먹은 것을 갚으려는 것일까? 진서는 할머니에게 뽀뽀를 해드렸다. 할아버지와 악수도 하고 팔굽혀펴기 동작을 흉내 내며 웃음을 주었다.

30개월이 지나자 떼쓰기가 심해졌다. 초콜릿만으로는 달래줄 수는 없었다. 콜라도 소용없었다. 마침 거주하는 구區 유치원연합회에서 유명 강사를 초빙해 '떼쓰는 아이 대처법'에 관한 특강을 했다. 휴가를 내고 의욕적으로 참석했다. 구청 대강당이 꽉 찰 정도로 인산인해였다. 아이들을 직접 데리고 온 엄마들도 있었다. 약 1,500명의 참석자 중 30명 정도가 아빠, 1,400명 이상이 엄마였다. 꼭 듣고 싶은 강의였기에 꿋꿋하게 맨 앞에 앉았다. 학창 시절 자발적으로 맨 앞에 앉아본 경험이 없는 나였다. 입시공부보다 더 절박했던 것 같다.

강의는 1시간 정도 진행됐다. 10분 정도로 느껴질 만큼 유익했다. 배운 것을 실천하기로 다짐했다. 집에 도착해서는 메모한 내용을 다이어리에 보기 좋게 정리하고, 아내에게도 수시로 읽어 보라고 했다. 강사가 언급한 주요 내용을 똑같이 흉내 내며 자녀 교육법에 대해 설명까지 했다. 설명이라기보다 제대로 하라는 항의성 짙은 주문이었다.

"훌륭한 사람 뒤에는 반드시 훌륭한 어머니가 있다는 거야. 한석봉 어머니, 신사임당이 증명하잖아."

"……."

아내는 아무 대꾸가 없었다.

"아빠보다 엄마의 역할이 정말 중요하다네."

"……."

아내의 표정이 어두워졌다.

"엄마의 기분이 안 좋을 때, 우울할 때, 시댁 일로 화날 때, 배고플 때 아이가 떼를 쓴다는 거야. 특히 엄마가 화가 나 있을 때 아이에게 강압적이고 공격적인 말을 하며, 심지어 협박까지 한다는 거야."

한마디로 아이가 떼쓰는 원인을 다 엄마 탓으로 돌리고 있었다.

"끝이야?"

아내가 더 이상 듣고 싶지 않다는 얼굴로 물었다. 나는 급하게 화제를 전환했다.

"아니, 끝까지 들어봐. 동화책 읽어주기는 유일한 정서적 선물인 '소통과 교감'이래. 잠든 후 20분, 깨기 전 20분에 긍정적인 애기를 해주라는 거야."

화제를 전환한다면서 정리한 내용을 장황하게 설명하고만 있었다. 급기야 아내가 말을 끊었다.

"지금 내가 다 하고 있는 거야. 매일 동화책도 읽어주고, 애가 잠들면 '엄마와 재미있게 놀아줘서 고마워.' 이런 말도 다 하고 있어. 자기는 하는 게 뭐 있어?"

그 순간 이렇게 되묻고 싶었다.

"당신이 잘하고 있는데 왜 애가 떼를 써?"

하지만 대화가 길어지면 나의 치부만 드러날 것 같아서 꾹 참았다.

"앞으로 잘할게."

나는 이렇게 약속만 했다.

다음날부터 실천에 옮기려고 노력해보았다. 아들을 깨우기 20분 전에 긍정적 대화부터 시작했다. 하지만 "친구들과 싸우지 않고 어린이집에 잘 다니고 있어서 고마워.", "어린이집 다녀와서 엄마 아빠와 재미있게 놀자, 사랑한다." 정도가 다였다. 그나마 술 마신 다음날은 그냥 넘어갔다. 며칠 못 가서 긍정적인 말의 밑천이 바닥났다. 흐지부지됐다.

　동화책 읽어주기도 시도했다. 아이들 눈높이에 맞게 읽어주기가 여간 힘든 게 아니었다. 힘들다기보다 어색했다. 몇 분 안 읽었는데, 아들의 시선이 산만해졌다. 그래도 한 권은 마쳐야 한다는 의무감에 빠른 속도로 읽었다. 효과가 있는 건지 없는 건지 의문이 들어 서너 번 하고 끝냈다.

　철없는 아이 떼쓰는 건 당연하다. 가령 어린아이들은 엘리베이터를 타면 자기가 버튼을 누르겠다고 고집을 부린다. 이런 모습을 무조건 떼쓰기로 볼 것인가? 아이가 직접 해보려는 노력으로 평가해야 하지 않을까? 무엇이 정답인지는 모르겠다. 다만, 좋은 쪽으로 생각해야 스트레스를 덜 받는다.

　이 세상에는 말하지 못하고 듣지도 못하는 아이들이 있다. 병상에 누워 지내는 아이도 있다. 이들의 부모들은 말썽을 부리고 떼쓰는 자식의 모습을 한 번만이라도 보는 게 소원일 것이다. 아무 데서나 큰 소리로 울음을 터트리고 신경질적인 반응을 보이는 것도 건강하다는 증거다.

　예의가 없고 욕심이 많아도 좋다. 아들이 놀이터가 떠나갈 듯 소리치며 신나게 뛰어노는 모습을 보고 있으면 흐뭇하다. 건강한 자식을 둔 것만으로도 고맙다. 돈으로는 살 수 없는 소중한 가치다.

5

잠 안 자는 아이,
알고 보니 아빠 탓

아들은 52cm, 3.61kg으로 태어났다. 영유아 검사를 받으면 늘 상위 1~3%였다. 첫 영유아 검진DAY 586결과는 키 87.7cm[87백분위]양호, 몸무게 14.3kg[96백분위] 정밀평가 필요로 나왔다. 두 번째 검진DAY 1123 결과는 키 105.6cm[99백분위] 정밀평가 필요, 몸무게 18.4kg[97백분위] 정밀평가 필요였다. 세 번째 검진DAY 1454 결과 역시 키 112.7cm[99백분위], 몸무게 23kg[99백분위]으로, 두 항목 모두 정밀평가를 요했다. 종합판정 결과 큰 키와 과체중에 대한 정밀평가가 필요하다는 진단을 받았다. 아빠 키 179cm, 엄마 키 169cm인 아들의 발육 과정이다. 거인증은 아닌 것으로 보이지만 엄마 아빠의 큰 키를 물려받은 것으로 보여 잘 관찰해야 한다는 의사의 소견을 들었다.

아들은 먹는 양도 대단하다. 돌 전후로 엄마가 먹는 밥공기와 같은 양을 먹었다. 햄만 빼고는 다 잘 먹는다. 감자, 김, 멸치도 잘 먹는다. 50개월부터는 김치도 달라고 했다. 감자를 제일 좋아하는 걸 보면 식성은 아빠를 닮았다. 밥을 다 먹고 딸기와 방울토마토도 엄청 먹는다. 과일 먹는 배는 따로 있다.

튼튼해서 체력도 좋다고 생각했다. 또래 친구들은 초저녁부터 잔다고 하는데, 아들은 새벽 1시가 되어야 잠에 든다. 어린이집에 비슷한 시간에 등원하고, 똑같은 시간의 낮잠을 자고, 하원하고 놀이터에서 같이 논다.

그럼에도 우리 아들만 잠을 안 잔다. 아들 재우기에 신경이 곤두설 때가 한두 번이 아니다. 스르르 잠들기를 바라며 TV 만화를 틀어주기도 한다. 그러다가 내가 먼저 잠들기도 한다. 자다 깨보면 혼자 보고 있는 경우도 있다. 고령의 초보 부모가 감당하기 어려운 '왕체력'이다.

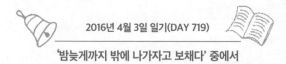

2016년 4월 3일 일기(DAY 719)
'밤늦게까지 밖에 나가자고 보채다' 중에서

어젯밤에도 몸이 안 좋아 몇 번씩 잠을 깼다. 어린 자식이 힘들어 하는 모습을 지켜보기가 힘들었다. 아침 6시, 차에 태우고 인근 파출소와 경찰서 주변으로 향했다. 경찰차를 보면 "아빠 차, 아빠 차!" 하며 좋아한다. 기분전환을 해주고 싶었다. 아픈 와중에도 경찰차를 보면 좋아했지만, 힘없는 목소리로 "아빠 차." 한다.

병원 문이 열리는 시간에 맞춰 진료를 받았다. 혓바늘이 많이 돋았단다. 약을 먹고 우유를 마셨는데 다 토했다. 좋아하는 아이스크림과 과자도 먹지 못했다. 배는 고픈 것 같은데 입안에 음식물을 넣으면 삼키질 못하고 뱉었다. 그리고 울기만 했다. 과자를 쳐다만 보는 모습이 짠했다.

오후 9시가 되어서야 조금씩 음식물을 삼키고, 표정도 밝아졌다. 밖으로 나가자고 보채기 시작했다. 엄마와 놀이터에서 30분 정도 놀다왔다. 목소리와 표정에서 씩씩함이 느껴졌다. 밤 12시가 되었다. 잠자리에 들 시간인데 또 나가자며 보챘다. 어제부터 오늘 저녁까지 아팠던 것이 맞나 싶을 정도였다. 엄마도 하루 종일 피곤했지만 진서가 싱글벙글 밝은 표정을 짓고 있어서 피곤함이 사라졌다고 했다. 엄마는 신발을 신겨 주고 또 나갔다.

 2017년 4월 29일 일기(DAY 943)

'잠 안자 는 진서, 생각해보니 아빠 탓이네' 중에서

새벽 1시를 조금 넘은 시각. 거실 여기저기를 뛰어다닌다. 잠 잘 생각을 안 한다.

"엄마, 안아 주세요."

자려고 누운 엄마는 벌떡 일어나 안아줄 힘이 없다. 아빠도 피곤해서 자려고 했으나, 말소리에 깼다.

"지금이 몇 시야? 빨리 자."

엄마도 지쳤는지 큰소리를 쳤다. 아빠도 도저히 잠을 이룰 수 없어 우는 진서에게 화를 내고 말았다. 아이들을 위한 수면제를 알아보자고 했다. 아내는 정색을 했다. 결국 아이 달래기는 엄마 몫이었다.

어제까진 '좀 늦게 자는 편이다.'라고만 생각했는데, 곰곰이 생각해보니 이대로 가다가는 나쁜 습관에 길들여지고 성질 나쁜 아이가 될 것 같아 걱정됐다. 아침 8시에 등원하면 친구들은 뛰어놀고 있는데 진서는 비몽사몽이다. 등원 후 30분에서 1시간 정도 더 잔다. 낮잠까지 잘 잔다. 하원 후에는 체력이 충만해 있다. 일찍 자기 위해서는 놀이터에서 에너지를 발산해야 한다. 엄마는 어느 정도 놀게 해준다. 엄마가 데리고 오는 날에는 그나마 좀 일찍 잔다. 그래봐야 밤 12시다.

아빠는 쉬고 싶은 마음에 스마트기기로 유인했다. 미끄럼틀 두어 번 태워주고 억지로 차에 태워 집으로 데려왔다. 피곤하다는 이유로 아이의 욕구를 충족시켜주지 못한다. 아빠 혼자 돌보는 날에는 태블릿 PC를 틀어주고 쉰다. 우선은 놀이터보다 뽀로로가 최고다. 잠시나마 세상 편하다.

"이제 자자." 하며 보고 있는 태블릿 PC를 끄면 나가자고 보챈다. 아빠가 하원시키는 날 밤에 더 잠을 안 자려고 하는 이유이다.

낮에 에너지를 발산하지 못했기 때문에 쉬 잠들지 못한다. 밤늦게 자고 어린이집 등원 후에도 또 자는 악순환이 되풀이된다. 아빠 잘못이다. 날씨가 따듯해지고 있다. 시간 될 때마다 아이를 데리고 산책도 하고 놀이터에서 장시간 놀 수 있게 해줘야겠다. 아빠가 화내서 미안하다.

이튿날부터 아들의 에너지 소비를 위해 놀이터로 향했다. 어린이집과 붙어 있는 놀이터다. 약간 경사졌지만 잔디가 깔려 있고 나무도 심겨 있어서 아이들이 뛰어놀기 좋은 동산 같은 곳이다.

놀이터에서 노는 모습이 불안하고 정신없었다. 그네를 타고 싶어 했지만, 위험할 것 같아 말렸다. 그네를 밀어주는 엄마들은 다 강심장인 것 같다. 곳곳을 뛰어다니는데 넘어질까 걱정되었다. 좀 높다 싶은 곳에 올라가면 떨어질까 잠시라도 눈을 뗄 수 없었다. 20분 정도 집중해서 보고 있으니까 진이 빠졌다. 하는 수 없이 반 강제적으로 안고 나왔다. 더 놀겠다고 우는 아이를 차에 태우고 집으로 왔다. 일찍 잠잘 리가 없었다.

놀이터 말고 에너지를 소비할 곳을 찾아보았다. 운동기구가 설치되어 있는 동네 공원으로 갔다. 몇 백 미터 달리기를 하고 오면 쉽게 잠들 수 있을 거라 믿었다. 그런데 달려도 달려도 멈추질 않았다. 하나 둘 셋! 하나 둘 셋! 혼자 구호까지 외치며 달렸다. 운동 나온 사람들 사이를 헤집고 다녔다. 쉬었다 가자고 해도 막무가내다. 숨이 찼다. 한 발짝 앞에서 뛰는 아들의 옷을 잡고 더 이상 못 뛰게 했다.

고령의 초보 부모가 감당하기 어려운 '왕 체력'이다.

한참을 쉬고 또 뛰었다. 공원을 벗어나 할아버지 집 쪽으로 뛰어갔다. 뒤에서 따라가다가 손을 잡았다. 차 지나다녀서 위험하다는 핑계를 대고 걸어갔다. 잡은 손에서 더 뛰고 싶은 욕구가 느껴졌다. 할아버지 집에서 물먹고 와서 또 뛰자며 일단 안심시켰다. 물도 먹고 간식도 먹이며 한참을 있다가 나왔다. 늦었으니까 집에 가서 자자고 하면 싫다는 아이 억지로 데려왔다. 재우기에 또 실패했다.

아내는 키즈카페를 추천했다. 방방 뛰어놀 수 있어서 2~3시간 놀다가 오면 일찍 잘 수 있다고 했다. 키즈카페? 왠지 엄마들만 있을 것 같았다. 아빠들도 많이 있다고 했지만, 아내나 아이의 손에 억지로 끌려나왔을 거란 생각이 들었다. 썩 내키지 않았다. 바쁘다는 핑계로 신용카드를 건네주며 아내의 몫으로 돌렸다.

배불러요, 아파요

갓난아이는 울음으로 모든 의사표시를 한다. 대부분 기저귀를 갈아주거나 젖을 먹이면 해결된다. 이 시기를 지나면 표정으로 표현한다. 초보 부모는 표정을 간파하지 못한다. 아이들이 병원신세 지게 하거나 약으로 급한 불을 끈다.

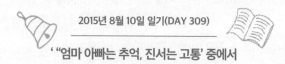

2015년 8월 10일 일기(DAY 309)
' "엄마 아빠는 추억, 진서는 고통' 중에서

진서와 함께 엄마 아빠의 옛 추억이 묻어 있는 장소를 방문했다. 프러포즈를 한 경기도 남양주의 한 레스토랑이다. 2년 반 만에 다시 왔다. 점심을 먹고 사진도 찍었다. 둘이 아닌 셋이서 찍으니 웃음이 끊이지 않았다. 다음 장소는 양평의 두물머리였다. 진서가 엄마 배 속에 있을 때 여행을 온 곳이다. 1년 전 엄마 아빠가 사진을 찍은 장소에서 진서와 사진을 찍었다. 유모차를 끌고 다니며 여기서는 과거의 추억 이야기, 저기서는 미래의 꿈 이야기를 했다. 한여름 어둠이 밀려오는 시간 집에 도착했다. 진서는 오자마자 잠들어버렸고, 밤 10시가 넘어 엄마를 부르며 울기 시작했다. 열도 제법 나서 약을 먹였다. 1시간 넘게 울다 지쳐서 잠들었다. 삼복더위가 한창인데 돌도 안 된 아이를 너무 무리시켰다.

사진을 보니 처음 들른 곳에서는 웃고 있었다. 두 번째 들른 곳에서는 찡그리고 있었다. 확연히 표정의 차이가 났는데 전혀 알아차리지 못했다. 처음 한곳만 갔어야 했다. 지친 상태에서 따라만 다녔는데 즐거웠을 리가 없다. 힘들어도 말도 못하고, 얼마나 고통이었을까. 무지한 엄마 아빠를 원망해도 할 말이 없다.

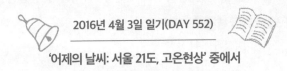

2016년 4월 3일 일기(DAY 552)
'어제의 날씨: 서울 21도, 고온현상' 중에서

"아침 기온은 서울 10도 낮 기온이 21도까지 오르는 등 고온현상이 이어지겠습니다."

어제의 기상캐스터 보도다. 어제 낮에 엄마를 따라 학교에 갔다. 저녁엔 백화점에 갔다. 날씨가 포근하여 두꺼운 점퍼를 벗고 티만 입고 외출했다. 엄마 아빠가 느끼기에도 더워서 더위를 많이 타는 진서도 얇게 입고 외출했다. 아침부터 콧물과 기침이 심하여 병원에 가고 약을 먹었다. 아직 18개월 된 아기다. 일교차를 감안하지 않았다. 이 정도 날씨에는 잘 견딜 줄 알았다. 얇은 점퍼라도 준비했어야 했다. 엄마 아빠의 무지로 고생만 시켰다.

2016년 5월 10일 일기(DAY 589)
'폐렴 증상으로 첫 입원' 중에서

4월 29일부터 감기와 고열로 동네 소아과를 다니며 약을 먹었다. 5월 2일이 소풍가는 날이었는데 독감 초기 증세로 못 갔다. 독감은 겨울에만 걸리는 병인 줄 알았다. 주로 11월에서 4월 사이에 걸리지만 어린아이의 경우 사시사철 걸릴 수 있다고 한다. 어린이집도 며칠 쉬었다. 어제 회복기가 있어서 어린이집에 다녀왔지만 미열이 나기 시작했다. 열흘 넘게 차도가 없어 큰 병원에 가서 검사를 받았다. 피검사와 엑스레이 촬영 등 어린아이가 감당하기 힘든 검사가 진행되었다. 옆에서 지켜보는 것조차 고문이었다. 결과는 편도선이 부어 있고 가래가 있어 폐렴 초기 증상이란다. 의사선생님은 하루 이틀 증상을 지켜볼 수도 있다고 하셨다. 아빠는 가급적 입원은 시키고 싶지 않았다. 엄마의 생각은 달랐다. 당장 입원시키자고 했다. 혹 하루 이틀 지켜보다 병만 더 키우면 모든 책임을 뒤집어 쓸까봐 엄마 뜻에 따랐다.

링거주사를 보자 아이는 공포에 질린 표정을 지었다. 가냘픈 팔에 주삿바늘이 들어가는 순간 절규하듯 '엄마야'를 외치며 닭똥 같은 눈물을 쏟았다. 약 기운인지, 울다 지쳤는지 잠이 들었다. 그 사이 아내는 병원에서 자기 위해 짐을 챙기러 집으로 갔다. 초저녁에 잠든 진서는 엄마가 채 돌아오기도 전에 깼다. 엄마를 찾으며 울다가 아빠를 보고 이내 안정을 찾았다. 의젓하게 앉아 있는 모습을 보는 것이 더 고통이었다. 정신없이 뛰어놀 나이인데 맥없이 앉아 있었다. 옆 침실 아기의 엄마가 초콜릿 2개를 주셨다. 하나 먹고, 두 개 먹고, 나는 '더 달라고 하면 어쩌지?'라는 생각만 했다. 그런데 하나를 아빠 입에 넣어주면서 흐뭇해하는 표정을 지었다. 반대로 아빠가 진서 입에 넣어주려고 하자 고개를 가로저었다. 초콜릿을 마다할 정도의 고통을 느끼고 있었다. 아빠만 먹으라고 하는 모습이 대견하기보다 안쓰러웠다.

엄마와 할머니가 도착할 무렵 열이 40도까지 올라갔다. 수건을 차가운 물에 적셔 온몸을 감싸는데, 고통스러운 울음이 끊이지 않았다. 아기용 침대에 눕혀 병원 복도를 돌아다녔다. 좀 안정이 되었는지 잠들었다. 외할머니께서 새벽에 오시기로 하고 아빠와 할머니는 집으로 돌아왔다. 진서의 상태를 들으신 할아버지는 끝까지 들으시지도 않고 역정부터 내셨다. 어느새 역정은 눈물로 바뀌었다. 불쌍하다며 내일 병원에 가보신단다. 아빠 보고 내일 10분 안에 점심을 먹고 오라 하신다. 할아버지는 거동을 못하셔서 침대에 누우셨다 앉아 계셨다만 반복했다.

열흘 넘게 기침과 미열이 있었지만 약만 먹이고 어린이집에도 보냈다. 중간에 어린이날과 주말도 끼어 있었다. 휴가라도 내서 같이 있으면서 충분히 쉬게 했어야 했는데 하는 아쉬움이 남는다. 바쁘다는 핑계로 큰 병원 가는 걸 꺼렸다. 잘 버텨주기만 바란 것 같다. 아빠 편하자고 아들 고통만 더 키웠다.

2017년 6월 4일 일기(DAY 979)

'배불러요' 중에서

평소 먹는 양보다 적게 먹었는데도 "배불러요!" 하면 배고프지 않다는 뜻으로만 이해했다. 어제 저녁 수박과 과자를 조금 먹다가 배부르다고 했다. 가장 좋아하는 수박을 평소 먹는 양의 1/5밖에 안 먹어서 의아해했다. 잠들기 전 조금씩 열이 나고 이따금 기침을 했다. 배부른 것이 아니라 입맛이 없었던 것이다.

오늘도 미열이 있고 간간이 기침을 했다. 마침 일요일이라 집에만 있었고, 텔레비전 만화도 하루 종일 보게 했다. 밥과 수박, 과자도 거의 못 먹고 배불러요, 배불러요 하는 모습에 엄마 아빠도 기운이 빠져 힘없이 하루를 보냈다. 너무 많이 먹어서 탈날까 걱정하던 때가 많았는데, 못 먹으니까 더 걱정이다. 밤 12시 넘어까지 쌩쌩하게 안 자는 날이 더 좋았다. 초저녁부터 잠을 자고 있고, 밤 10시가 넘었는데도 깨지 않고 자고 있다. 늦게 자서 스트레스 받는 것보다 아파서 약 기운에 자는 모습이 더 애처롭다.

아이들의 표정은 늘 밝아야 한다. 원하는 것을 얻지 못할 때는 인상을 찌푸리지만 잠시여야 한다. 여기저기 정신없이 뛰어다녀야 한다. 사색에 잠긴 표정을 하는 아이는 건강하지 못한 것이다. 아들이 배부른 건지 아픈 건지 구별을 못한 것은 스킨십이 부족해서였다. 자주 안아주었더라면 몸에 열이 있는지, 아파서 눕고 싶어 하는지를 알 수 있었을 텐데……. 아빠의 사랑이 부족했다.

아이들의 표정은 늘 밝아야 한다.
원하는 것을 얻지 못할 때는 인상을
찌푸리지만 잠시여야 한다.

7

가족 여행 그리고
나만의 여행

해마다 새해가 되면 일기장에 다짐을 적는다. 그중 하나가 '추억을 쌓기 위한 여행 다니기'다. 아내의 희망이기도 하다. 한 해를 마무리하는 무렵의 일기장에는 여행을 다니지 못한 아쉬움이 적혀 있다.

어려서부터 여행을 다녀본 적이 없다. 집 떠나 잠을 자고 온 여행은 고등학교 수학여행이 처음이었다. 마지막은 대학시절 MT다. 신혼여행은 비행기 타기가 무섭다는 핑계를 대고 자동차로 국내여행을 했다. 움직이는 것이 싫다. 퇴근하고 동료, 친구들과 어울려 한잔 기울이는 것이 더 좋다.

반면 아내는 역마살이 끼었는지 여행이나 돌아다니는 것을 좋아한다. 결혼 전 교사인 아내에게 방학 일정에 맞춰 해외여행을 가기로 약속했다. 6년이 되었는데도 나는 여권조차 만들지 않았다. 아들이

태어났다고 해서 갑자기 여행을 다니는 것은 고문이었다. 억지로나
마 당일치기 여행 몇 번 한 것이 고작이다.

2016년 6월 5일 일기(DAY 615)
'처음으로 해수욕장 다녀온 날' 중에서

서산 형님 댁을 방문했다. 진서와 처음 집을 떠나 하루 머문 곳
이다. 나와 열 살 차이 나는 조카와 조카의 아들과 함께 1박 2일로
몽산포 해수욕장에 갔다. 나는 조카보다 2주 먼저 결혼했고, 서로
의 아들들은 한 살 차이다. 말이 한 살이지 110여 일 차이다. 조카
의 아들에게 나는 할아버지, 우리 아들은 당숙이다.

6월 초임에도 날씨는 무더웠다. 해수욕장이 정식 개장을 하지 않
았는데도 가는 길이 막혔다. 해수욕장에는 안전요원이 없었다. 그
런데도 먼 바다까지 나가서 수영을 하는 사람도 있었다. 우리는 아
이들이 어려서 물에 발이 잠기는 곳에서만 놀았다. 모래성을 쌓으
며 추억도 쌓았다. 사진도 수십 장 찍었다. 주말을 이용하여 여행
의 생색은 냈다. 하지만 집안의 잔치와 겹쳤기 때문에 결국 아들
의 추억이 아닌 아빠의 추억만 쌓은 듯하다.

'겨울바다 여행' 중에서

　신년 초부터 휴가를 냈다. 일보다 가족을 먼저 생각하자는 의미이기도 했다. 올해는 추억을 많이 쌓아주자는 다짐의 실천이기도 했다. 아내는 방학이라 시간도 많다. 인터넷으로 검색을 해보니 인천 을왕리 해수욕장이 끌렸다. 석양이 아름다운 곳으로 소개되어 있다. 1박 2일 코스로 떠나기로 했다. 가장 마음에 든 것은 집에서 차로 한 시간 정도 거리에 있다는 것이다. 도착해서 보니 규모가 크지 않아서 좋았다. 사람도 많지 않아 좋았다.

　아침 겸 점심을 먹고 오후 2시경 도착했다. 바닷물이 빠져나간 시간이라 아름답다는 느낌은 없었다. 아들이 모래성을 쌓고 장난하는 재미에 빠져 있어서 보람은 있었다. 바닷물 가까이 가자고 조르고 물을 만지며 신나하는 표정을 짓는다. 혼자 뛰어놀다 넘어져 옷이 흙탕물에 젖어도 마냥 웃기만 한다. 2시간 정도 아들이 노는 모습을 보고 있었다. 어떻게 놀아줘야 할지 난감했다. 저녁 먹기에는 다소 이른 시간이었지만 식당가로 향했다. 아들이 한 식당 앞에서 배를 움켜잡고 안으로 들어가려는 표정을 지었다. 배 아프냐고 물어보니, 배고프다고 한다. 식당 사장님도 웃으셨다. 이런 액션은 어디서 배웠는지 아빠도 웃음이 나왔다.

　저녁 한 상 근사하게 먹고 나왔다. 밀물 시간이 되어 바다는 바다다운 위엄을 보였고, 진서는 신나 하면서 손을 잡고 더 놀자고 했다. 요사이 엄마만 찾았는데 아빠를 더 찾았다. 안개가 자욱하여 아름다운 석양은 없었다. 어둠이 짙게 깔리어 더 이상 놀 거리도 없어서 방을 잡자고 했다. 엄마는 잠만 자고 내일 아침에 갈 바에는 지금 집으로 가자고 했다. 목도 아프고 피곤하여 못 이기는 척 그렇게 하자고 했다. 서울에서 가까운 거리의 바다여행은 또 당일 치기로 끝났다.

2018년부터는 한 달에 한 번씩 여행이든 뮤지컬 관람이든 꼭 시간을 내서 놀러 다니기로 약속했다. 이곳저곳 여행지 계획도 아내에게 알려주었다. 지구대에서 교대근무를 하고 있었기 때문에 휴무일에 가기로 했다. 아내에게 5월 달까지 여행 스케줄을 미리 정해주었다. 물론 모두 당일치기 일정이었다. 아내는 장족의 발전을 했다며 좋아했다.

 2018년 1월 10일 일기(DAY 1199)

'태어나서 가장 멀리, 가장 오래 떠난 여행' 중에서

경주로 여행을 떠났다. 차로 4시간 반 거리였다. 엄마와 이모가 번갈아가며 운전했다. 외할아버지와 외할머니도 동행했다. 경주하면 첨성대나 불국사 삼층석탑 등 역사적 문화재만 떠올랐다. 어린 진서를 생각해 경주 백악기월드로 갔다. 수영장도 있고 공룡체험도 할 수 있어서 이모가 결정했다.

아빠는 이번에도 못 갔다. 동영상과 사진을 통해 아들이 노는 모습을 보았다. 공룡을 보고 신기해하는 표정을 짓고 수영하는 내내 즐거워했다. 아빠가 안 가서 멀리 2박3일간의 여행이 되었다.

 2018년 3월 6일 일기(DAY 1254)

'40년 만의 추억' 중에서

할아버지와 아빠가 유일하게 여행을 간 곳은 경기도 여주 소재 세종대왕릉이다. 여섯 살 때인 1979년도다. 구체적으로 무엇을 하며 놀았는지 기억은 없다. 할아버지와 손잡고 사진 찍은 기억은 확실히 남아 있다. 그 사진 두 장이 40년 가까이 앨범에 있다. 초등학교, 중학교, 고등학교를 다닐 때 할머니께서 늘 물으셨다.

"어려서 아버지와 세종대왕릉에 간 기억나니?"

"어."

"너는 막내라 아버지가 여행도 데리고 다니셨어. 형들은 전혀 안 데리고 다니셨다. 오죽했으면 작은형은 '나보다 못생긴 애들도 아빠랑 놀러 다닌다.'는 말을 했단다."

창경원도 아니고 달랑 한 군데 간 것이 전부인데, 호강했다고 말씀하셨다. 어쨌든 소중한 추억으로 남아 있다.

나의 생일에 맞춰 40년 만에 세종대왕릉에 아들을 데리고 간 이유가 있다. 왕릉이라 볼거리는 많지 않다. 40년 전의 똑같은 장소에서 똑같은 자세로 사진을 찍고 싶어서였다. 하지만 기념관 주변이 공사 중이라 최대한 가까운 장소에서 사진을 찍고 왔다. 진한 아쉬움이 있었지만 다음을 기약했다. 아직 세종대왕이 누구인지도 모르는 아들을 데리고 간 여행이었다. 아내는 시시하게 느꼈을 것이다. 나만 의미 있는 여행이었다. 이 얘기를 들으신 할아버지께서는 이럴 줄 알았으면 아빠에게 많은 추억을 만들어줄 걸 하시며 눈물을 흘리셨다.

2018년 4월 27일 일기(DAY 1306)

'사자 보러 갈래' 중에서

어제 어린이집에서 대공원으로 소풍을 갔었다. 원래 계획대로 또 대공원에 가자고 하면 진서가 싫어할 수 있었다. 엄마는 남산 케이블카를 타러 가자고 하며 열심히 설명해주었지만, 진서는 사자 보러 가고 싶다고 했다. 나는 은근히 집에서 가까운 대공원에 가길 원했다. 아들의 마음이 바뀌기 전에 얼른 가자며 서둘렀다. 어제도 와서 그런지 익숙한 듯 길 안내를 했다.

"여기야, 여기, 이리 와."

넓은 잔디밭을 100미터 이상 뛰어다녔다. 진서는 얼굴이 빨개져도 에너지가 넘쳤다.

"사자 보러 갈래. 아빠 빨리 뛰어가자."

아빠는 힘들어 죽겠는데, 자꾸 재촉한다. 어제도 본 사자를 오늘도 보며 좋아했다. 다음은 놀이기구 시설로 이동했다. 물 위에 레일이 있어 약간 빨리 달릴 수 있는 작은 배 모양의 기구를 엄마와 같이 탔다. 급경사를 지날 때 엄마는 무서웠다고 하는데, 진서는 재미있다고 했다. 집으로 돌아오는 차 안, 내일 또 오고 싶다는 말에 아빠도 조금은 뿌듯했다.

2018년 월 27일 일기(DAY 1333)
'역사탐방 가는 거야' 중에서

이번 달 계획한 가족 여행지는 파주시 임진강이다. 육이오 때 운항하던 황포돛배를 그 모양 그대로 만들어 관광 상품으로 운영하고 있었다. 차로 1시간 반 거리에 있고 배도 탈 수 있다. 임진강 주변을 배경으로 사진도 찍으면 여행 기분도 날 거라고 생각했다. 군생활을 파주에서 해서 의미도 있어 보였다. 아내에게 여행지 설명을 해주었더니 알 수 없는 표정을 짓는다.

"지난번엔 세종대왕릉, 이번엔 육이오 때 운항하던 배를 타러 가는 거야? 역사탐방 가는 기분이야."

"다음엔 꼭 한강 유람선 타러 갈게."

"다음부터는 내가 정할게."

"그래, 당신이 정해."

하고 아내를 달래주었다.

도착해서 황포돛배의 표를 끊고 기다렸다. 승객은 우리 가족을 제외하고 모두 육십대 이상으로 보였다. 승객 분들이 진서를 보고 몇 살이냐며 말을 건네신다. 아마도 당신들의 손주가 생각나셨을 것 같다. 배도 타고 사진도 찍으며 또 하나의 추억을 만들었다. 배를 타는 것 외에 아무것도 할 수 없어서 아쉬움도 남는다. 진서의 눈높이에서 여행지를 찾아봐야겠다.

사실 임진강 여행은 메기매운탕 식당이 더 기억에 남는다. 그렇게 맛있게 먹어본 적이 없다. 이후로는 당일치기 여행도 잘 못 갔다. 바쁘다는 핑계로 어물쩍 넘어갔다.

2018년 여름에는 속초 바다로 2박 3일 여행을 떠났다. 아내가 같이 가자고 했다. 마침 진서가 어린이집에서 종교재단에서 운영하는 영어문화원으로 옮긴 직후였다. 미술학원에도 다니기 시작해서 돈이 많이 들어가는 때였다. 비번 일에 쉬지 않고 자원근무를 나가면 한 달 미술학원비를 벌 수 있었다. 나는 학원비 벌겠다며 안 가겠다고 하니, 아내는 짜증을 내며 이번에도 친정식구들과 간다고 했다. 이제는 같이 여행가는 것을 포기하겠다는 말을 덧붙였다.

아들의 여권을 만들어주고 2019년 1월 필리핀으로 3박 4일 여행을 보내주었다. 아내와 아들만 갔다. 떠나는 날 아침 집을 나서는 아들을 보니 허전함이 이루 말 할 수 없었다. 그래도 기특했다. 51개월 된 아들이 아빠보다 먼저 비행기를 탔으니까.

8

세 살 때 받은 상처,
여든까지 간다

"세 살 버릇 여든까지 간다."라는 속담이 있다. 어릴 때 몸에 밴 버릇은 늙어 죽을 때까지 고치기 힘들다는 뜻으로, 주로 부정적인 행동을 할 때 하는 말이다. 어릴 때부터 나쁜 버릇이 들지 않도록 잘 가르쳐야 한다. 아들이 세 살이 되니 어리광도 신경 쓰이기 시작했다. 더 중요한 것은 부모의 언행이다. 큰 소리로 부부싸움을 할 때 세 살이면 다 알아듣는다고 한다. '그렇게 하지 말아야지.' 하며 또 목소리는 커진다.

어머니와 같이 다니는 절의 스님이 조언을 해주었다. 세 살 때 받은 상처가 여든까지 간다고 했다. 쉰 살 된 여성분의 사례라고 했다. 그분은 자녀들이 어렸을 때 남편과 다툼이 잦았고, 언성을 높이며 자식들에게 보여줘선 안 될 행동을 했다고 한다. 지금은 대학생과 고등학생이 된 자식들이 똑같이 엄마에게 소리 지르며 때로는 무례한 행동도 한단다. 그럴 때마다 쉰 살 된 엄마는 상처를 받는다고 했다. 스님은 지금이라도 온 가족이 모여서 예전 엄마 아빠의 잘못된 부분을 이야기하고, 가정의 화목을 위해 노력하자고 말하는 시간이 필요하다고 말씀하셨다.

스님은 말 못하는 아기도 다 안다고 했다. 언젠가 어린이집 연합회에서 '떼쓰기 대처 방법'이란 주제로 강연을 개최했는데, 강사도 이와 똑같은 말을 했다.

진서 나이가 세 살이라 평소 행동을 유심히 떠올렸다. 엄마 아빠가 흥분해서 큰 소리로 말하면 집게손가락을 입에 대고 제일 먼저 반응한다.

"쉬, 쉬!"

진서는 눈에 힘까지 준다.

 2017년 11월 1일 일기(DAY 1129)

'엄마 아빠 싸울 때 진서의 표정' 중에서

엄마 아빠가 말다툼을 벌이다 언성이 높아졌다. 가만히 듣고 있던 진서가 소리쳤다.

"하지 마!"

엄마 한 번, 아빠 한 번 쳐다본다. 얼굴은 성난 표정이다. 눈도 찡 그리고 입도 나온 모습이 화난 어른 표정이다.

"엄마 미워, 아빠 미워."

갓난아이일 때는 귀가 들리지 않아 엄마 아빠가 다툴 때도 히히 웃었다. 조금 컸을 때는 큰 소리로 울었다. 지금은 화를 내며 말리 고 있다. 말다툼은 십여 초 만에 끝났다. 진서로 인해 웃을 수 있 었다. 아이 앞에서 말조심해야 한다는 것을 다시 한 번 깨닫는다.

다섯 살이 되니 말을 좀 배웠다고 엄마 한 번 쳐다보고 아빠 한 번 쳐다보며 이렇게 말한다.

"엄마 진정해, 아빠 진정해."

그러면서 얼굴뿐만 아니라 온몸에 힘을 준다. 아무리 애 앞에서 언 성을 높이지 않으려고 해도 실천하기가 어려웠다. 소리 지르는 모습 을 따라할까 걱정하면서 그렇게 하지 말기를 바라는 것은 부모의 이 기적인 생각인 것 같다.

세 살 버릇을 고치기 위해서는 어떻게 해야 하나 고민이었다. 무 작정 회초리를 들어야 할지 인내를 갖고 말로 설득을 해야 할지 답을 구할 수 없었다. 훈육한다고 자칫 상처만 줄까 걱정이었다. 버릇없 는 아이는 밉상이기 마련이다. 남의 자식도 아니고 우리 아이가 밉상 이 된다는 것은 안 된다고 생각했다. 하지만 아이가 버릇없이 굴 때 도 초보 아빠는 지켜만 볼 수밖에 없었다. 어린이집 선생님과 아내가 잘 지도해 주길 바라면서.

2017년 3월 31일 일기(DAY 914)

'욕심쟁이 진서의 나쁜 버릇' 중에서

요사이 친구 인성이와 우성이 형이 집에 자주 놀러왔다. 인성이는 진서와 같은 어린이집에 다니는데, 진서가 가장 좋아하는 친구 중 한 명이다. 혼자 크는 진서가 친구와 노는 모습이 궁금했다. 퇴근 후 곧바로 집으로 와서 관찰했다. 두 살 많은 우성이 형은 의젓하게 앉아 있었다. 진서와 인성이는 서로 장난감 자동차를 갖겠다며 뺏고 뺏기기를 거듭했다. 똑같은 장난감을 찾아서 하나씩 나눠 줬다. 진서는 울며 떼쓰기를 멈추지 않았다. 양손에 하나씩 들고 있으려 했다. 급기야 인성이도 울음을 터트렸다. 우성이 형이 또 똑같은 장난감을 찾아 인성이에게 주자 진서는 그것마저도 뺏으려 했다. 엄마가 와서 진서를 야단치고 사이좋게 하나씩 갖고 놀라고 해도 도무지 말을 듣지 않았다. 의젓한 우성이 형이 엄마에게 한마디 했다.

"진서가 욕심이 많네요."

인성이는 두 살 많은 우성이 형이 있어서 양보하고 배려하는 습관이 길러진 것 같았다.

진서는 급기야 엄마의 팔뚝을 물었다. 잇자국이 선명히 남을 정도였다.

"아!"

엄마는 비명과 함께 반사 신경으로 진서의 엉덩이를 한 대 때렸다.

진서가 탐욕스럽고 공격적인 행동을 보이기 시작했다. 어린이집 선생님께 우리 진서가 배려하는 마음을 키울 수 있도록 지도 부탁드린다는 말만 되풀이하고 있다.

2017년 10월 21일 일기(DAY 1118)
'할아버지 수염 당긴다' 중에서

"예쁘다, 예쁘다 하니 할아버지 수염 당긴다."라는 속담이 있다. 버릇없는 아이를 일컫는 말이다. 모든 할아버지 할머니는 손주를 맹목적으로 사랑하신다.

엄마는 학교 체육대회에 갔다. 아빠가 진서를 데리고 할아버지 댁에 갔다. 밥 말고 아이스크림을 먹겠다고 떼썼다. 낮잠을 자고 일어나더니 할아버지가 부르셔도 짜증내며 큰 소리를 질렀다. 귀엽다고 손을 만지면 하지 말라며 뿌리쳤다. 먹던 과자를 집어 던졌다. 밥도 이곳저곳을 돌아다니며 먹었다. 가는 곳마다 할머니는 밥상을 들고 따라다니셨다. 한 숟가락이라도 잘 먹으면 좋아하셨다. 한참을 따라다니시며 밥 한 공기를 다 먹여주셨다. 정작 할머니는 한 숟가락도 못 드신 채 진서가 다 먹는 것을 보니 배부르다고 하셨다.

오냐오냐하니까 버릇이 없어졌다. 언제쯤 할아버지 묻는 말씀에 대답도 잘하고 할머니와 같은 식탁에서 밥을 먹을까? 진서는

할머니를 힘들게 하고 할아버지 수염 당기는 행동을 했다. 그래
도 할머니 할아버지는 집에 간다고 인사를 드렸더니 무척이나 서
운해 하셨다.

어릴 때부터 나쁜 버릇이 들지 않도록 잘 가르쳐야 한다.
아들이 세 살이 되니 어리광도 신경 쓰이기 시작했다.
더 중요한 것은 부모의 언행이다.
큰 소리로 부부싸움을 할 때 세 살이면 다 알아듣는다고 한다.

chapter 3

아들에게 배우며 느낀다

외동아이로 크는
아들에게

3남 1녀 중 막내로 태어났다. 바로 위 형님과도 열세 살 차이 난다. 부모님뿐만 아니라 누님과 형님들로부터 많은 사랑을 받았지만 같이 놀 군번이 아니었다. 그나마 작은아버지 댁에 생일이 한 달 빠른 형님이 있었고 외삼촌 댁에 한 살 어린 동생이 있어서 친구처럼 지냈다. 사실상 외동아들로 자라면서 두세 살 터울의 형제들이 있는 친구들이 부러울 때가 있었다.

진서의 입장에서 보면 친가 쪽 사촌들은 나이 차이가 꽤 나고 먼 곳에 산다. 외가 쪽에는 이모는 미혼이고 외삼촌은 자녀가 없어서 사촌형제가 없다. 아무리 하나만 낳는 시대라 하더라도 형제가 없는 쓸쓸함을 느낄 수 있다. 진서 돌 무렵 동생이 엄마 배 속에 있었지만 유산이 되었다. 그 후로도 아내는 둘째를 원했지만 내가 하나로 만족하자고 했다. 대신 외동아이에 대한 편견을 없애주는 것과 친구나 형 같은 아빠가 되어주는 것은 내 몫이라 생각했다.

2018년 5월 9일 일기(DAY 1318)
'외동아이로 크는 진서' 중에서

엄마는 진서가 커가는 모습을 보며 동생이 없는 현실을 안타까워한다. 돌 전에 임신 중이었는데 돌잔치 준비 등으로 바쁘게 움직이고 진서를 많이 안고 있어서 유산된 것 같다며 못내 아쉬워한다. 아빠도 당시엔 아쉬움이 있었다. 훗날 자식이 하나라 자녀, 손주가 많은 집을 부러워할 수 있다.

지금은 하나로 만족하고 최선을 다하고 싶다. 외롭지 않게 해주는 것도 부모의 몫이라 생각한다. 흔히 외동아이는 고집이 세고, 사회성이 떨어지며, 자기만 안다는 편견이 있다. 편견이 생기지 않게 지도해야 하는 것은 부모의 몫이다. 얼마 전 놀이터에서 노는 모습을 보았다. 친구들과 서로 배려하는 행동을 보고 '어린이집에서 교육을 잘 받고 있구나!' 하며 다소 안심했다.

할아버지 댁에 갔다가 쓰레기 배출을 도와드렸다. 엄마 아빠는 양손에 빈 병, 신문지, 박스 등을 가득 들고 나왔다. 진서도 상자 하나를 들고 나왔는데 엄마 손에 들려 있는 쓰레기를 더 달라고 했다.

"엄마, 내가 도와줄게."

"안 무거워. 진서 것만 들고 가."

"아빠, 내가 도와줄게."

"괜찮아. 진서 것만 들고 가."

막무가내로 엄마 아빠 손에 있는 쓰레기를 하나씩 뺏어 들었다. 감당이 안 되는 양이었지만 턱과 목으로 받쳐들고 갔다. 짧은 거리였지만 할머니와 엄마, 아빠는 환호성에 가까운 웃음을 보였다. 외동아이라 버릇없다고만 생각했는데, 가장 대견하게 느낀 장면이었다.

 2018년 9월 26일 일기(DAY 1468)

'나하고 놀 사람?' 중에서

"눈이 안 떠져요."

기지개를 켜며 일어난 진서의 절규에 화들짝 놀랐다. 억지로 눈을 뜨게 해도 도로 감겼다. 급하게 안약을 넣고 기다렸더니, 살살 눈을 뜬다. 충혈이 있고 눈곱이 많이 끼어 있다. 추석 명절 마지막 연휴일이라 병원에 가니 환자들이 많았다. 한참을 기다려서 진료를 받았다. 결막염으로 진행될 수 있으니 청결을 유지하고, 안약과 눈물 약을 수시로 넣어주고, 1주일 정도 지켜보란다.

연휴 마지막 날이라 푹 쉬려고 했지만 아침에 너무 놀란 모습이 안쓰러워 점심을 먹고부터 지칠 때까지 놀아주기로 했다. 아빠가 잠시 잠든 사이 엄마와 그림 그리기를 하며 놀았다. 엄마가 쉴 때는 아빠와 카드놀이를 했다. 다시 아빠가 쉴 때는 엄마와 집짓기 놀이를 했다. 다시 엄마가 쉴 때는 아빠와 풍선야구를 했다. 다시 아빠가 쉴 때는 엄마와 풍선탁구놀이를 했다. 엄마 아빠는 지쳐가고 있었다. 편하게 앉아서 책을 읽어주기로 했다. 혹 싫어할까 노심초사했다.

"진서야 책보기 놀이 할까?"

"응, 좋아."

책 읽자고 하면 거부반응이 있을까 봐 책보기 놀이로 표현했더니 좋다고 했다. 예전과 달리 한 권을 다 읽었는데도 진지하게 듣고 있다. 아이들 책을 읽어줄 때는 큰 소리로 감정 표현을 해야 하기 때문에 쉬 지쳤다. 점심 먹고 저녁 먹을 때까지 엄마 아빠가 번갈아가며 놀아주었다. 체력은 바닥이 났고, 엄마와 아빠는 서로 눈치만 보며 쉬고 싶어 했다. 계속 놀자고 보채는 소리를 못 들은 체 했다.

"나하고 놀 사람?"

진서는 손을 드는 흉내를 내며 몇 번을 물어본다.

"난 누구하고 놀아?"

47개월 아들이 긴 한숨을 내쉰다. 눈병을 핑계로 TV를 안 틀어 줬는데 하는 수 없이 틀어주었다. 엄마 아빠는 대大자로 뻗었다. 이럴 때 동생이 있었으면 하는 아쉬움이 남는다.

자녀 교육에 대해 관심을 가지면서 《외동아이 이렇게 키웠습니다》 라는 책을 읽었다. 저자는 외동아이를 키운 엄마의 20년 노하우를 소

외동아이는 쓸쓸할 것이라는
걱정도, 훗날 내 자신이
외로워질까 하는 고민도
다 엄마 아빠의 몫이다.

개했다. 각종 통계자료와 연구 자료를 인용했다. 미국, 일본 등 해외
연구 자료도 인용한 걸 보면 외동아이에 대한 편견은 전 세계가 똑
같은 모양이다. 외동아이 집단과 아닌 집단에 대한 리더십, 성숙도,
사회성 조사를 바탕으로 외동아이가 독선적이고 적응력이 부족하다
는 편견은 과학적 근거가 없다는 주장을 뒷받침했다.

외동아이는 오히려 성취동기와 자존감이 높다고 했다. 부모의 사
랑을 독차지하므로 심리적으로 안정되어 자존감이 높고, 형제간의
경쟁이 없기에 또래 관계에서 관대하다고 했다. 또한 어른들은 철저
히 아이 연령의 수준이 되어 수평적인 관계를 맺으라고 당부했다. 그
래야 양보, 나누기, 배려, 협력, 갈등 조절 방법 등을 자연스럽게 알
게 된다고 언급했다.

이 책을 다 읽고 난 후 외동아이뿐만 아니라 장남, 막내, 무남독녀 외동딸에 대한 모든 편견을 다시 생각해보았다. 어른들의 경험에서 이런 편견이 생겼을까? 경찰 조직생활을 하면서 누가 장남이고 누가 막내인지, 외동아이인지 형제인지, 그 사람의 언행으로는 전혀 알 수가 없었다. 배려심이 좋을 것 같은 장남도 자기중심적인 경우가 있다. 반대로 막내이면서 리더십이 좋은 사람도 있다. 버릇없어 보이고 이기적인 사람이 외동아이나 막내라면 '그래서 그렇구나.' 하고 편견을 가졌던 것뿐이다.

외동아이로 크는 것도 부모가 결정한 것이다. 나는 아들의 입장을 고려하지 않았다. 외동아이는 쓸쓸할 것이라는 걱정도, 훗날 내 자신이 외로워질까 하는 고민도 다 엄마 아빠의 몫이다.

엄부자모嚴父慈母라는 말은 시대에 맞지 않는다. 선배 아빠들은 '친구 아빠'가 되라고 조언한다. 같이 놀아주면서 친밀감을 높여주라고 당부한다. 주변에 아는 어린이집 원장선생님들도 엄하게 자란 아이일수록 긍정적인 사고보다 부정적인 사고를 하고 칭찬보다 비판이 앞선다고 말한다. 우리 아이도 외동아이지만 외롭지 않고 편견에 시달리지 않게 키울 것을 다짐해 본다.

아빠가 된
사람만이 느끼는 힘

사회생활을 하면서 힘들고 지칠 때가 있다. 가장 큰 위로가 되어 주는 사람은 어린 아들이었다. 아들과 스킨십을 하면서 정서적 안정감을 찾기도 했다. 힘들 때마다 아들을 보며 자연스럽게 양팔을 벌렸다. 잠시라도 안고 있으면 힘이 났다. 매일 보는 데도 어느새 키가 쑥자라 있는 것을 느꼈다. 성장하는 모습을 볼 때마다 희망도 커졌다.

 2016년 1월 8일 일기(DAY 460)
'아빠가 되어 본 사람만이 느낄 수 있는 힘' 중에서

직장에서 승진 발표가 있었다. 어제 부서 계장님이 후보에 들었냐고 물어보셨다. 더 열심히 하겠다는 말씀만 드렸다. 좀 더 성과를 내서 인사고과를 잘 받았다면 후보에 들 수도 있었다. 아쉬움이 남았다. 축 처진 채로 퇴근했다. 아빠의 기분에 상관없이 늘 웃는 아들이 현관문 앞에 서 있었다.

"어, 어."

한마디뿐이다.

"아빠, 힘내세요."

내 귀엔 이렇게 들린다. 아들을 안아주고 업어주며 내가 위로를 받았다. 하루하루 무거워지는 아들을 업을 때마다 점점 든든해져 갔다. 자식은 짐이 아니라 힘이었다. 아빠가 된 기분이 이런 것이구나!

"씨도둑은 못한다."라는 속담이 있다. 아들의 행동 하나하나에 집안 어른들은 엄마 아빠 똑 닮았다는 말씀을 한다. 외모도 목소리도 닮았다고 한다. 나는 좋은 건 나, 안 좋은 건 아내를 닮았다고 한다. 떼쓰며 울음을 터트리면 나는 절대 이런 적이 없었는데 아내를 닮아서 그렇다고 생각한다.

"누구를 닮아서 이렇게 떼쓰는 거야? 엄마 바가지 긁는 소리랑 똑같네."

물론 이 말은 속으로만 한다.

'아빠의 어릴 때 사진을 보며' 중에서

아빠가 지금의 진서보다 어렸을 때부터 중학생까지의 사진이 담긴 앨범을 보았다.

(아빠가 자기 사진을 가리키며 진서에게) "누구야?"

"진서, 진서."

(아빠가 할아버지의 사진을 가리키며 진서에게) "누구야?"

"아빠, 아빠."

할아버지, 아빠, 아들이 모두 닮아서일까? 진서는 단지 아빠의 아기 때 모습을 보며 본인이라 했을 것이다. 엄마는 진서가 아빠를 진짜 많이 닮았다고 한다. 내가 봐도 정말 닮았다. 그런데 아빠의 초등학교 졸업사진과 중학생 시절 사진을 보는 순간 엄마의 표정이 굳어졌다.

"중학교 가서 이렇게 닮으면 안 되는데."

진서가 커서도 아빠를 닮을까 봐 걱정한다. 사실 아빠도 걱정이다. 어려서 귀엽다는 소리를 많이 들었는데, 중학교 가면서 체격이 급격히 커지면서 우락부락한 청소년이 되었고, 현재까지도 그러한 외모를 유지하고 있다. 우리 아들은 아빠보다 백 배 천 배 더 멋있게 성장해 주길 바란다.

2018년 1월 12일 일기(DAY 1201)

'아들의 따뜻한 품' 중에서

어제부터 올 겨울 가장 추운 날씨를 보였다. 추위를 타지 않는 아빠도 이불 위에 담요를 깔고 누웠다. 추위를 많이 타는 엄마는 집 안에서도 두꺼운 옷을 입었다.

진서는 TV를 본다고 아빠 옆에 앉아 있다. 춥지 않을까 걱정되어 이불을 덮어주니까 싫다고 한다. 아빠보다 추위를 안타는 것 같다. 이불 속에서 살짝 아들의 등에 기댔다. 따뜻한 체온을 느낄 수 있었다. 한참을 안고 있었다. 말로는 다 표현이 안 되는 사랑의 온도까지 더해지니, 담요나 보일러보다도 더 따뜻함이 느껴졌다. 이 순간만큼은 근심도 없고 부러울 것도 없었다. 세상 다 가진 기분이었다.

2018년 7월 3일 일기(DAY 1373)

'아빠 옆에서 더 잘 거야' 중에서

야간근무를 마치고 아침에 퇴근했다. 어젯밤엔 112신고와 사건이 많아 유독 피곤했다. 샤워만 하고 잠 잘 준비를 했다. 마침 잠에서 깬 진서가 아빠하고 더 자고 싶다며 옆에 와서 눕는다. 엄마는 어린이집에 가기 싫어서 그런다고 한다. 아빠는 졸려서 눈이 감기는데 아빠 배를 밟고 좌우를 왔다갔다했다. 또다시 옆에 누워서 뭐라뭐라 중얼댄다. 너무 피곤해서 귀찮아졌다. 빨리 어린이집에 가기를 바랐다.

스르르 눈이 감겨 한숨 자고 일어났더니 조용했다. 잠든 사이 진서는 어린이집에 가고 없었다. 몇 시간 만에 또 보고 싶어졌다. 허전함까지 밀려왔다. 피곤하고 귀찮아도 배를 밟고 뛰어다니는 모습이 좋았다. 밤에는 아빠 배를 실컷 밟으며 놀라고 해야겠다.

진서가 스케치북을 펼치고 색연필과 크레파스로 그림을 그릴.때, 나는 나의 유년 시절이 떠올랐다. 미술학원 다니며 엄마, 아빠를 그리고 산과 바다를 그렸던 기억이 여전히 생생하다.

진서가 태권도장 체험 수업에서 주먹지르기와 발차기를 할 때도 나는 옛 기억을 더듬었다. 내가 다녔던 태권도장은 육교 앞 건물 2층에 있었다. 무뚝뚝하고 엄했던 아버지가 아들이 태권도하는 모습을 지켜보기 위해 육교 위에서 한참을 보다 갔다는 말을 어머니에게 들었다. 얼마 후 노란 띠를 딴 날, 나는 집까지 뛰었다. 뛰어가는 길에 동네 아주머니들을 만나면 자랑을 했다. 그리고 마산에서 근무하던 아버지와 신이 나서 통화했다.

"아빠, 노란 띠 땄어요."

"와! 우리 아들 노란 띠 땄어? 잘했다."

아버지가 직접적인 감정 표현을 하며 칭찬을 했던, 유일한 기억으로 남아 있다.

지금 나는 태권도하는 아들을 구경하고 있다. 발차기 한 동작에도 대견스러움을 느낀다.

아들의 40분 태권도 체험 시간이 40초처럼 빨리 지나갔다. 그래도 40년 전 추억을 되새기기엔 충분한 시간이었다. 아들이 성장하는 모습을 지켜보면 과거로의 추억 여행을 떠나게 된다. 훗날 아들도 아빠가 되면 그럴까?

3

사랑스러운 손주,
자랑스러운 손주

그토록 원하던 막내 손주를 본 아버지는 손주가 태어난 지 60여 일 만에 의식을 잃고 쓰러졌다. 손주가 태어나기 전부터 천자문을 가르쳐주겠다는 꿈을 꾸며 그날이 오기를 학수고대했지만, 당뇨 관리를 못해서 혼절하고 만 것이다.

다행히도 아버지는 만 하루가 지나서 깨어났다. 하지만 병원신세를 져야 했다. 입원 기간이 한 달이 넘어서는 집과 병원을 오갔지만 침대 생활에서 벗어날 수 없었다. 유일한 낙은 손주를 보는 것이었다. 이삼 일 안 가면 손주 본 지가 열흘이 넘었다고 하고, 며칠 못 가면 한 달은 되었다고 했다. 갈 때마다 용돈을 주었다. 한 달에 10~20만 원 정도 주었는데 한 번에 주지 않고 만 원부터 3만 원까지 주었다. 자주 보고 싶다는 의미였다.

진서가 아직 말을 하지 못하던 시절이었다. 아버지는, 진서가 할아버지라고 한 번만 불러주기를 고대했다. 보통 아기는 엄마 배 속에서부터 '엄마' 소리를 2만 번은 들어야 '엄마'를 말할 수 있다고 한다. 그래서 틈날 때마다 아들을 앉혀놓고 '할아버지'를 수십 번씩 불러주었다. 진서는 '하부지'부터 시작했다. 마침내 '할아버지'를 정확히 발음하는 순간 할아버지는 손으로 두 눈을 감싸고 비볐다. 그 후 할아버지와 손주는 이런 저런 대화도 나누었다. 할아버지는 치매에 걸려 엉뚱한 말을 할 때가 많았다. 그런데 신기하게도 막내 손주 앞에서는 바른 말씀만 했다.

2014년 2월 3일 일기(DAY 122)
'진서의 저금통' 중에서

가로 10cm, 세로 7cm, 오만 원권 신사임당 그림이 그려져 있는 직사각형 모양의 종이상자. 진서 백일 상에 준비한 저금통이다. 할머니께서 진서 생각하시면서 100원, 200원 잔돈이 생길 때마다 넣어주고 계셨다. 이 저금통을 할아버지도 보셨다. 할아버지는 "내 방에 놓아라. 내가 넣어주고 싶다."라고 하셨다. 이런 고마운 마음을 진서도 아는지 저금통을 들고 할아버지 품에 앉아 있다.

할아버지는 누군가의 도움 없이 외출을 못하시는 분이다. 침대에 앉아 진서 사진과 저금통을 번갈아 가며 쳐다보고만 계셨다. 연금을 받으시는 한정된 돈에서 한 푼, 두 푼 넣으실 것이다. 거동도 못하시는 할아버지에게 진서의 저금통이란 나약함에 대한 위로이 자 삶의 큰 희망이다.

2017년 6월 22일 일기(DAY 997)
'할아버지의 퉁퉁 부은 발' 중에서

당뇨를 앓고 계신 할아버지는 오른발이 퉁퉁 부은 채로 계신다. 육안으로도 다리 살이 점점 빠지는 걸 알 수 있다. 침대에서 누워 계시거나 앉은 채로 몸동작만 하시기 때문에 더 이상 호전을 기대 할 수 없다. 진서를 데리고 갈 때면 일부러 할아버지 방에 좋아하는 TV 프로그램을 틀어놓고 있게 한다. 조금이라도 더 보시라는 의 미와 할머니도 편하게 부엌일을 하시라는 의미가 함께 담겨 있다.

진서가 왔다간 날이면, 할아버지는 할머니에게 진서가 시키지도 않았는데 발을 주물러 주었다고 말씀하신단다. 그때마다 할머니 는, 할아버지가 정신이 오락가락하셔서 하시는 말씀 정도로만 생 각하셨단다. 어느 날 점심을 먹고 설거지와 쓰레기 정리까지 마친 후 방안을 들여다보니, 정말로 진서가 할아버지의 발을 주무르고 있었단다. 하도 기특해서 문을 열고 들어가셨단다.

"우리 진서, 할아버지 발 주무르고 있구나. 착해라."

"할머니 보지 마. 가."

진서가 부끄러워하며 하던 것을 멈추었단다. 평소 할머니한테 수줍어하며 인사하는데, 그 모습을 보는 느낌이셨단다. 진서는 할머니가 보실까 봐 안 계실 때만 할아버지의 불편한 발을 주무르고 있었던 것이다.

할머니는 할아버지에게 이렇게 말씀하셨다.

"진서가 효자이니 걱정할 것이 없네요. 우리 죽을 때 편하게 눈 감고 죽읍시다."

아직 나도 아버지의 다리와 발을 주물러드린 적이 없다. 그런데 35개월 된 어린아이가 다리 살이 없고 퉁퉁 부어 있는 할아버지 발을 보면서 주물러드려야 한다고 생각한 것이다. 아빠보다 더 효자다. 나는 "어린이는 어른의 아버지다."라는 말의 의미를 다시 한 번 되새겨보았다.

  2017년 8월 20일 일기(DAY 1056)

'할아버지 보호자' 중에서

할머니 팔순을 앞두고 친지들이 모였다. 할아버지도 휠체어에 태워 가까운 뷔페집으로 모셨다. 즐거운 식사 후 할아버지를 모시고 돌아오는 길에 진서가 휠체어를 밀겠다며 떼를 썼다. 고집을 부리는 이유는 할아버지를 모시려는 마음보다 휠체어 미는 재미를 느껴 보고 싶어서일 수도 있다. 결국 아파트 지하 주차장에서 진서에게 잠시 휠체어를 맡겼다. 어린 녀석이 제법 잘 밀었다. 할머니는 빨리 동영상을 찍으라고 하셨다.

"다 컸다. 다 컸어."

할머니는 이 말씀만 반복했다. 아빠는 주차된 차량과 부딪힐까 불안해서 휠체어를 같이 잡았다.

"비켜, 비켜, 내가 할 거야."

진서는 혼자 하겠다며 고집을 부렸다.

집에 도착한 후 할아버지를 침대에 눕혀드리고 동영상과 사진을 보여드렸다. 또 눈물을 흘리셨다. 아빠 어렸을 때는 무척 엄하던 분이셨는데…….

 2017년 11월 4일 일기(DAY 1132)

'진서 부탁이라면 무조건 오케이하신다.' 중에서

할아버지 댁에 가면 진서와 할아버지의 첫 대화는 이렇게 시작된다.

"진서 거 틀어도 돼요?"

"그래. 진서 거 틀어줘라."

"고맙습니다."

텔레비전에서 보고 싶은 만화를 보겠다는 소리다. 만화 중간 중간에 광고가 나오는데 주로 어린이용 장난감이다.

"아빠, 이거 사줘."

"아빠는 돈이 없어. 할아버지께 말씀드려."

"할아버지, 이거 사주세요."

"그래, 사줄게."

"할아버지, 저거 사주세요."

"그래, 사줄게"

대여섯 가지 계속 사달라고 하더니 죄송한 표정을 짓고 낮은 목소리로 말한다.

"할아버지, 저거 하나만 더 사주세요."

"그래, 다 사줄게."

진서 말이라면 무조건 오케이하신다. 물론 다음 날이면 진서가 기억을 못한다.

아빠가 유치원에 다닐 무렵 장난감을 사달라고 한 적이 있다. 당시엔 무척 비쌌다고 하는 무선조정 자동차 하나 사주신 것 외에 안 된다고만 하셨다. 그때 아빠는 훗날 나도 아들을 낳으면 사달라는 거 다 사줄 것이라 다짐했었다. 이제 부모 마음을 아는 시기다. 부모 마음과 할아버지 마음은 다르다. 손주의 부탁엔 NO가 없다. 막내 손주 버릇 나빠질 걱정을 하실 겨를이 없다. 하루라도 정신 건강하실 때 아낌없이 주고 싶은 마음만 있으신 것이다.

2017년 11월 21일 일기(DAY 1149)

'치매 할아버지를 야단치다.' 중에서

어린이집 하원 길에서 웬일로 할머니가 보고 싶다며 가자고 한다. 원래 가기로 되어 있었는데, 먼저 보고 싶다고 하니 가기 싫다고 떼쓸 일은 없을 것 같아 안심했다.

"할머니가 진서 좋아하는 감자하고 생선 많이 해놓으셨어."

"우와, 맛있겠다."

"할아버지 집에 가면 어떻게 해야 되지?"

"손 씻고, 할아버지께 인사드리고, 진서 TV 틀어도 되는지 허락받고, 할머니께 '얼음아이스크림 주세요.' 할 거야."

진서는 자기가 말한 대로 잘했다. 잠시 후 할아버지가 갑자기 치매기로 사실과 다른 말씀을 하시며 성난 표정을 지으셨다. 급히 진서를 데리고 나왔고, 할아버지를 안정시키기 위한 할머니의 노력이 시작되었다. 진서도 놀랐는지 아빠 손을 꼭 잡았다. 약간 진정이 되시는 걸 보고 야간근무 출근을 했다. 할머니께 전화가 와서 아빠의 출근 후 상황을 설명해 주셨다. 할아버지는 출근했다고 하는 아빠 이름을 계속 부르셨고, 심지어 침대에서 내려오셔서 큰 소리를 치셨단다. 이를 지켜보던 진서가 적극적으로 나섰다고 한다.

"할머니는 밖에 있어. 내가 혼내줄게."

그러면서 할머니는 못 들어오게 했다고 한다. 진서는 할아버지 방문을 열고 들어가 소리쳤다.

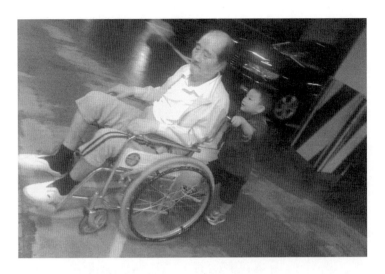

아이의 눈높이에서 치매기를 보이는 할아버지를 호되게 야단쳤다.
기특함을 느꼈다. 처음으로 진정한 든든함도 느꼈다.

"없는 아빠는 왜 찾아요? 계속 소란을 피우면 경찰에 신고할 거
예요."

진서는 사용 정지된 핸드폰을 눌렀다.

"경찰에 할아버지 잡아가라고 신고했어요."

야단치듯 말하고는 문 앞에서 지켜보고 있었다.

진서의 행동에 할아버지는 아무 말씀이 없으셨단다. 그 사이 신
경안정제 약 기운으로 안정을 찾으시고 언제 그랬냐는 듯 용돈까
지 주셨단다. 집에 간다고 인사드리면서 할아버지께 뽀뽀까지 해
드렸단다. 할아버지의 이런 모습은 처음 봤을 것이다. 37개월 된

아이는 무슨 생각을 했을까? 아이의 눈높이에서 치매기를 보이는 할아버지를 호되게 야단쳤다. 기특함을 느꼈다. 처음으로 진정한 든든함도 느꼈다.

 2018년 7월 4일 일기(DAY 1374)

'진서의 정(情)' 중에서

할머니께서는 진서의 행동을 보시고 정이 많다고 하신다. 특히 할아버지에 대한 정은 아무도 모른다고 하신다. 당신이 눈물을 흘리신 이야기를 해주셨다.

"할아버지 주무시니까 방에 들어가지 말고 거실에서 TV보고 있어."

"……."

진서는 아무 대꾸 없이 곁눈질로 할머니 눈치를 보았단다. 잠시 후 슬그머니 할아버지 방에 들어가서 진짜 주무시는지 얼굴을 가까이 대고 확인했단다. 손을 잡아드리고 한참을 있다가 나왔다고 한다. 그 모습이 할머니를 감동시켰고, 눈물이 나셨다고 하셨다. 할머니 친구 분들 사이에서도 서로 손주들 자랑을 하신다고 한다. 100단위 숫자를 세고 셈을 하는 손주, 영어를 잘하는 손주 등 주로 똑똑하다는 자랑을 하신다고 한다. 우리 할머니는 정이 많고 효자인 손주라고 자랑하셨다.

4

아들에게
감동받기까지

아이들은 자기중심적이다. 가정에서의 교육이 중요하다. 형제가 있는 부모들은 나눔과 배려를 잘 가르친다. 나는 진서가 외동아이라 어떻게 해야 할지 몰랐다. 어린이집을 다니면서 유대관계와 사회성을 잘 배우기만 바랐다. 그런데 두 돌이 막 되었을 즈음 어린이집에서 장난감을 뺏고 뺏기며 친구들을 때렸다는 소리를 들었다. 이 나이 자연스러운 행동이겠지만 걱정이 되었다. 알아듣든 못 알아듣든 그렇게 하면 안 된다는 말만 되풀이했다. 그냥 지켜볼 수밖에 없었다.

'놀이터에서 노는 모습' 중에서

어린이집 하원 후 30분 간 친구들과 노는 모습을 지켜보았다. 진서는 집에 바로 가기를 싫어한다. 매번 몸의 무게 중심이 어린이집 바로 앞 놀이터로 향하고, 나는 번번이 반대방향으로 돌려놓는다. 그날은 마침 시간 여유도 있어서 그냥 내버려두었다. 친구들과 어떻게 노는지도 궁금했다.

마음에 맞는 친구와 같은 동선으로 뛰어다니며 정신없이 놀았다. 아빠가 쉬 따라가지 못할 정도다. 미끄럼틀을 타기 위해 어지럽게 놓여있는 친구들의 가방까지 한쪽으로 정리해준다. 한 친구가 먹고 있던 과자를 진서에게 주었다. 아이들끼리 과자를 나누어 먹는 모습이 참 아름다웠다.

아이들이 자기 키보다 더 큰 나뭇가지를 들고 여기저기 뛰어다녔다. 엄마들이 위험하다고 해도 막무가내였다. 강제로 뺏을 수밖에 없었다. 아직 위험성을 몰라서 한 행동이었다. 미끄럼틀 한번 타는데도 순서를 기다리는 아이들의 행동을 보았다. 진서도 순서를 잘 지켰다. 집에서는 투정만 부리고 욕심쟁이인 줄만 알았는데 의외였다. 어린이집 선생님 덕분이라 생각했다.

2018년 6월 20일 일기(DAY 1360)

'아빠 하나만 더 먹어' 중에서

야간출근에 앞서 세 식구가 저녁을 먹었다. 여러 반찬 중 으뜸은 감자였다. 진서와 아빠가 가장 좋아한다. 아무리 감자요리를 많이 했다지만 자식이 좋아하는 반찬에 쉬 손이 가지 않는다. 먼저 밥을 먹은 후 남은 감자는 진서 다 먹으라고 했다. 웬걸! 진서가 양손에 케첩을 바른 감자를 들고 아빠 하나 더 먹으라고 입에 넣어준다. 흐뭇하게 바라보며 입에 넣었다. 출근 준비를 하고 나왔다.

"아빠 갔다 올게."

"아빠, 아빠, 감자 하나 더 먹고 가. 많이 먹으면 안 돼."

"진서 먹어야지."

"하나는 괜찮아. 꼭 하나만 더 먹고 가."

진서와 아빠가 제일 좋아하는 감자다. 별로 남지 않아서 다 먹으라고 했는데, 그걸 아빠와 나눠 먹으려고 했다. 출근길 운전하는 내내 이 장면만 떠올랐다.

2018년 9월 7일 일기(DAY 1439)

'할아버지의 약 봉지를 훔치다' 중에서

요사이 아빠는 환절기 감기 기운이 있었다. 할아버지 댁에 갔는데 진서가 약봉지를 정리하는 할머니를 도와준다며 옆에 딱 달라붙었다. 할머니 눈치를 보다가 약 한 봉지를 주머니에 넣었다.

할머니께서 물으셨다.

"할아버지 약인데, 진서가 왜?"

"아빠가 기침을 심하게 해서."

진서는 주머니 속에 들어갈 수 있을 만큼 몇 개 더 챙겼다. 주머니가 부족했는지 가방이 꽉 찰 정도로 넣었다. 할아버지의 당뇨약이지만 아빠의 감기약으로 쓰려고 챙긴 것이다. 약의 용도가 뭐 중요하겠나? 효심 가득한 약 봉지만 보아도 감기 따위는 물러간 기분이다.

 2018년 11월 15일 일기(DAY 1517)

'맛있는 거 세리 줄 거야' 중에서

영어문화원 가기 위해 옷을 입히고 있었다. 사탕 몇 개를 챙겼다. 너무 많은 것 같아 하나만 갖고 가라고 했다.

"맛있는 거 세리 줄 거야."

"제스퍼는?"

"제스퍼도 줄 거야."

진서는 가방에 몇 개를 더 넣었다. 세리와 제스퍼는 같은 영어문화원에 다니는 친구들이다.

문화원 버스를 기다리는데 같은 장소에서 버스를 타는, 두 살 많은 시후 형이 할머니와 왔다.

"아빠, 가방에서 맛있는 거 꺼내줘. 시후 형 줄 거야."

진서가 직접 시후 형에게 건네주었다. 주머니 속에 손을 넣고 있던 시후 형은 무표정으로 건네받고는 주머니 속에 집어넣었다. 대신 시후 형 할머니가 고맙다는 액션을 크게 해주셨다. 진서는 멋쩍은 표정을 하며 아빠에게 물어본다.

"안 먹는데?"

"아니, 이따가 먹는데."

나는 대충 둘러댔다. 가장 흐뭇하게 버스를 기다린 시간이었다. 평소 버스에 올라타는 것까지만 보고 휙 돌아섰는데 버스가 시야에서 사라질 때까지 지켜보았다. 사탕 하나씩 나누어 주려고 하는 행동이 영어 단어 한 개, 열 개 외우는 것보다 더 좋았다.

아이들의 착한 행동을 보면 기분이 좋아진다. 남의 아이라도 기분이 좋아지는데, 내 자식이야 말할 나위가 없다. 사실 우리 아들은 내가 소개한 일기에 나와 있는 착한 행동보다 떼쓰고 욕심내며 버릇없는 행동을 더 많이 했다. 늘 착한 짓만 했다면 흐뭇해할 일도 감동할 일도 없었을 것이다.

대부분의 못된 행동들은 또래의 아이들이 하는 본능적 욕구의 표출이라 치부해 버리고 싶다. 떼쓴 행동은 일일이 기억나지 않는다. 감동받은 일만 오래 기억에 남아 있을 뿐이다.

어린이집을 운영하는 한 지인은 "아이가 의젓하다는 의미는 젊지 않다는 의미다."라고 했다. 아이는 아이다워야 한다. 버릇없어질까 봐 어린 나이부터 엄하게 훈육하는 것이 꼭 좋지는 않은 것 같다. 사실 나는 그럴 자신도 없다. 그저 잘하는 모습을 볼 때마다 칭찬을 많이 해주기로 다짐해 본다.

5

우리 아들도 남들보다
잘하는 것이 있다

돌 전에 걷는 아이들도 있다. 우리 아들은 돌 지나 16개월 무렵 걷기 시작했다. 나도 돌을 훌쩍 지나 걸었다고 하니, 부전자전父傳子傳이라 생각했다. 아들 또래 중에 30여 개월부터 받침 없는 한글을 읽은 친구도 있다고 한다. 우리 아들은 52개월인데 한 글자도 못 읽는다. 내가 60개월이 안 되었을 때 어느 날 TV 속 자막과 거리 간판을 술술 읽어 아버지가 화들짝 놀랐다고 한다. 한글을 따로 가르쳐주지 않고 전래동화 녹음테이프만 틀어주었는데, 내가 한글을 스스로 깨우친 것이다. 나는 똑똑한 아이라 불렸지만 지극히 평범하게 살아가고 있다. 어릴 때 학습 능력이 뛰어나다 해서 꼭 공부로 대성하는 것도, 잘 사는 것도 아닌 것 같다.

나는 진서가 초등학교 입학 전까지만 한글을 읽어주기 바랄 뿐이다. 숫자를 익히는 것은 확실히 또래에 비해 늦다. 언제까지 느긋하게 기다려야 하는 건지 모르겠다.

그래도 진서가 남들보다 잘하는 것이 있다. 객관적으로 비교할 지표는 없지만 공 던지기를 하면 꽤 멀리 간다. 물놀이 수준이었지만 300일 무렵부터 수영장에도 갔다. 두 돌 때부터는 팔굽혀펴기와 윗몸일으키기를 시켰다. 운동만큼은 잘하는 것 같다.

2018년 1월 16일 일기(DAY 1205)
'할머니의 진서 자랑' 중에서

할머니는 늘 입에 침이 마르도록 진서를 칭찬하신다. 하루는 진서보다 3개월 빠른 남자아이의 할머니께 칭찬을 늘어놓으셨다.

"말귀 다 알아듣고, 잘못한 것이 있으면 '할머니 미안해' 하더라고."

39개월 된 아이가 이해력이 빠르고 예의가 바르다는 표현을 하셨다. 듣고 계셨던 42개월 손주를 둔 지인분이 손주 이야기를 해주셨다.

"우리 손주는 100까지 줄줄줄 말하고, '100-95=5' 같은 셈도 하더라고요."

할머니는 그 자리에서 좀 머쓱해지셨고, '앞으로 손주 자랑도 함부로 할 것이 아니구나!'라고 생각하셨단다. 이 이야기를 아빠와 진서가 같이 있는 자리에서 해주셨는데 말귀 다 알아 듣는 진서가 혹 실망할까 염려하시며 아주 낮은 목소리로 해주셨다. 아빠의 웃음이 터지려는 순간 할머니는 큰 목소리로 "달리기를 잘하고 건강하게 자라는 우리 진서가 최고야!" 하셨다.

2018년 5월 2일 일기(DAY 1311)

'피는 못 속여' 중에서

　거주하는 빌라 옥상에서 초등학생용 핸드볼 공을 주고받으며 놀았다. 예전보다 제법 강하게 날아왔다. 폼도 좋아졌다. 힘쓰며 던지는 표정에 운동선수 같은 진지함이 있다. 깜짝 놀란 아빠가 엄마를 불렀다. 엄마 아빠의 탄성이 이어졌다. 진서도 신이 났는지 넘어지는 동작을 하며 공을 던졌다. 엄마가 핸드볼의 다이빙 슛이라고 설명해주었다. 핸드볼을 전공한 엄마도 감탄사를 연발했다. 진서는 체육선생님인 엄마를 닮았나 보다.

　아빠도 고등학교 때까지 운동부 다음으로 운동을 많이 했고, 또 좋아한다. 축구, 농구, 배구 등 체육대회 때마다 학급 대표 선수로 뛰었다. 진서도 운동을 좋아하고 원하는 종목의 선수가 되겠다고 하면 적극 밀어주고 싶다.

2018년 5월 13일 일기(DAY 1322)

'수영선수 시키세요.' 중에서

친구 인성이, 우성이 형과 함께 수영장에 갔다. 수영을 좋아하여 인성이네와 두세 번 같이 간 적이 있고, 이모와도 몇 차례 다녀왔었다.

오늘따라 엄마는 집에 와서 흥분된 목소리로 자랑하기 시작했다. 물속에서 몸 뒤집기도 잘하고 배영까지 했단다. 겁도 없어 구명조끼도 입지 않고 물속으로 들어가려고 했고, 무섭다고 못 탔던 미끄럼틀도 잘 탔다고 했다. 수영장을 다닌 경험이 아직 한두 번밖에 없는 친구 인성이와 우성이 형은 구명조끼를 입고도 물에 대한 두려움을 느꼈단다. 인성이를 격려하는 차원에서 '잘했다'고 칭찬하면 진서는 '그 정도가 잘한 거야?'라는 표정을 지었단다. 물속에서 노는 모습을 보고 인성이 엄마는 수영선수 시키라고 했단다. 수영강사 경험도 있는 엄마는 수영은 취미로만 시킨다고 했다. 아빠는 수영선수가 되는 것도 좋다. 주례선생님께 전화를 걸어 구명조끼 없이 배영을 한다고 과장에 과장을 더해 자랑하며 웃었다.

2019년 1월 24일 일기(DAY 1588)

'윗몸일으키기 1개 = 영어단어 100개' 중에서

지난 1월 7일, 진서가 윗몸일으키기를 15개 했다. 1월 9일엔 17 개를 했다. 어제는 23개를 했다. 자세도 완전 FM이다. 엄마도 똑같이 23개를 했다. 그런데 진서는 잠시 쉬었다가 7~8개를 더 했다. 엄마 아빠 모두 놀랐다. 집에 오기 전 키즈카페에서 2시간 신나게 놀고 온 터라 체력이 정말 좋다고 감탄했다. 진서는 밤 12시 30분이 되어서야 억지로 잠에 들었다.

올해 1월 1일엔 12개를 했는데 나날이 향상되고 있다. 처음 시작할 무렵에는 몸을 일으키지도 못하다가 어느 순간부터 제대로 한두 개씩 했다. 주변 또래의 아빠 10여 명에게 물어보았다.

"애가 윗몸일으키기 몇 개나 해?"

모두 아직 안 시켜봤다고 한다. 51개월 된 우리 아이가 23개를 했다고 하니, 예전 강호동이 진행한 '스타킹'이란 프로그램이 폐지되어 아쉽다는 반응이다. 윗몸일으키기 신동으로 출연할 수도 있었을 것이다. 하기야 두 돌부터 윗몸일으키기를 시키는 부모가 몇명이나 될까? 체육선생님인 엄마 덕분이다. 윗몸일으키기 하나만큼은 친구들보다 확실히 잘한다고 자랑할 수 있다. 조심스레 체육신동이 되어주길 희망한다. 윗몸일으키기 1개는 영어 단어 100개를 외운 가치보다 크다.

chapter 4

아빠공부를
시작하다

초보 아빠여,
육아는 노력이다

육아에 관심을 가지기 시작한 건 진서가 46개월 되던 때부터다. 어린이집을 떠나 종교재단에서 운영하는 영어문화원으로 옮긴 시기다. 종교재단에서 운영하는 곳이라 교육비는 다소 저렴해도 교육과정은 영어유치원 같은 곳이다. 아내가 결정한 대로 따르기는 했다. 하지만 뛰어놀아야 할 나이에 벌써부터 책상에 앉아 영어 공부를 한다는 자체가 마음 아팠다. 옮기기 전 3일간의 체험을 거쳤다. 선생님이 이렇게 적응을 잘하는 아이는 처음 보았다고 할 정도로 잘 따라 했다. 3일 내내 지켜 본 아내도 대견하다며 눈물을 흘렸다. 막상 옮겨보니 며칠 동안은 아침마다 전쟁을 치러야 했다. 가기 싫다는 아이를 억지로 등원 버스에 태워야 했다.

"진서야, 영어문화원으로 옮기니까 좋아?"

"안 좋아."

"왜?"

"어린이집에선 배봉산에 갈 수 있어서 좋았는데, 여긴 없어."

"아빠하고 배봉산에 갈까?"

"응, 좋아. 빨리 가자."

하기야 어린이집에서는 자유롭게 노는 것이 교육이었는데, 대부분의 시간을 책상에 앉아 있어야 하는 게 곤혹일 것이다. 배봉산은 동네 뒷산이다. 나도 어려서 뛰어놀던 곳이다. 아이들이 뛰어놀기 좋고 어르신들도 산책하기 좋을 정도로 높이가 낮다. 둘레길이 잘 만들어졌다. 배봉산 이야기를 듣고부터 아들과 놀아주는 시간을 많이 갖자고 결심했다. 46개월 정도 되니까 의사표현이 확실해져서 소통도 잘 되었다. 외출 시 급한 화장실 용무도 미리 대비할 수 있었기 때문에 부담감이 없었다.

아들과 단둘이 배봉산으로 향했다. 손을 잡고 같이 가는데, 어느새 뛰어가며 아빠를 불안하게 했다.

"진서야, 천천히 가. 넘어져."

"아빠, 이쪽으로 와. 맨발로 걷는 곳이야."

진서는 황토길을 걷는 곳으로 안내했다.

"여기서 손 씻으면 되고, 저기가 신발 깨끗이 해주는 곳이야."

이곳저곳을 설명까지 했다. 엄마와 자주 왔다고 한다. 진서와 나는 배봉산 둘레길과 황토길을 걷고 평지를 뛰어다녔다. 1시간 남짓 노는 내내 이렇게까지 즐거워할 줄은 몰랐다. 생각해보니 진서에 대한 무관심 때문에 아빠 외톨이였다.

배봉산에서의 놀이 이후 더 이상 아들에게 신경 좀 쓰라는 아내의 말이 잔소리로 들리지 않았다. 나는 요즘 아빠들이 한 번쯤은 다 가봤다는, 그 흔한 키즈카페도 가지 않았다. 남자가 무슨 애를 데리고 키즈카페를 가냐고 신경질적인 반응을 보였다. 사회문제는 진보적으로 바라보면서 육아는 1970년대 아빠들의 사고思考로 접근했다.

나는 무관심했음을 반성하고 아빠 공부를 시작했다. 다른 아빠들은 어떻게 하나 직장동료들에게 물어보았다.

"애는 엄마가 키우는 거지."

이런 답변은 없었다. 주로 여행을 다니며 아내의 욕구를 충족시켜주고 아이들에게 여러 체험을 시켜준다는 답이 많았다. 아빠들에게 가족과 주말을 함께 보내는 것은 필수였다. 이런 걸 좋아하더라, 저런 걸 좋아하더라, 하는 이야기들이 나올 때마다 나는 늘 청취자의 입장이었다.

본격적인 공부를 위해 아빠들의 경험담을 다룬 책을 읽었다. 처음 읽은 책은 영어신동 아들을 둔 아빠 이야기였다. 아들이 30개월 때와 60개월 때 TV에도 출연할 정도로 영어를 잘했다고 한다. 신동아이가 본 영어책도 수준별로 소개하고 있었고, 영어 교육에 관한 각종 정보도 들어 있었다. 1~7세까지의 영어 교육법뿐만 아니라 독서법에 대한 내용도 있었다.

47개월 된 진서는 책을 읽으라고 하면 한 권을 채 읽지 못하고 딴

짓을 한다. 영어 공부는 더더욱 안 하려고 한다. 영어신동 아빠의 경험담은 주옥같은 자녀 교육법이었지만, 우리 아이에겐 적용시킬 수 없었다. 책 읽어주기와 영어 공부는 실패했다. 하지만 한 가지 확실히 얻은 것이 있었다. 아빠와의 친밀감이다. 엄마보다 아이와 같이 있는 시간이 적은 아빠는 하루에 10분만 놀아줘도 아이와 친밀감을 높일 수 있다고 한다. 놀이를 통한 학습도 유용하다고 한다. 영어신동 아빠는 집 안에서도 할 수 있는 놀이로 이불썰매 놀이를 추천했다. 나는 '이불썰매? 이런 것도 있어?' 하며 의아해했다. 모든 아이들이 좋아한다고 하니, 이거라도 해보자는 심정으로 도전했다.

 2018년 9월 19일 일기(DAY 1451)
'아빠, 놀아줘서 고마워요' 중에서

거실에 이불 하나를 펼쳤다.
"진서야, 이불 위에 누워."
"왜? 뭐하는 거야?"
"아빠가 썰매 태워줄게. 출발한다!"
"아빠, 저쪽 방으로 출발! 더 빨리, 더 빨리. 거실로 출발! 더 빨리, 더 빨리. 이쪽 방으로 출발! 더 빨리 더 빨리."
"아빠 힘들어. 쉬었다 하자."
"더 하고 싶어. 아빠, 힘내. 힘내라! 힘내라!"

큰 집도 아닌 작은 집 거실에서 방으로 왔다갔다했다. 작은 공간에서 두세 발 옮긴 후 몸을 반대 방향으로 틀어서 다시 두세 발 갔다. 몇 번 안 했는데 어지러워서 죽을 뻔했다. 이불썰매에 대한 반응은 상상 이상이었다. 진서가 목젖이 보일 정도로 깔깔대며 웃는 바람에 정신력으로 버텼다. 한 30분은 한 것 같은데 10분이 채 안 되었다. 체력은 바닥났다. 10분 놀아줬으니까 오늘 아빠 노릇은 다했다고 생각했다.

계속 놀자고 해서 책 읽기 놀이를 하자고 했다. 좋다고 하는 걸 보니, 그것도 놀이인 줄 알았나 보다. 억지로 앉혀가며 5분 정도 어색한 톤으로 읽어주었다. 더 이상 듣기를 거부하며 총싸움 놀이를 하자고 했다. 결국 책 읽기에서 총싸움 놀이로 넘어갈 수밖에 없었다.

총알이 있는 기관총 모양의 장난감을 들었다. 벽을 향해 다다다 쏜 후 총알 개수를 세었다. 자연스럽게 숫자 공부를 하게 되었다. 진서는 하나, 둘, 셋, 다섯, 여섯, 일곱, 아홉, 열로 세었다. 매번 넷과 여덟이 빠졌다. 내가 더 큰 소리로 넷과 여덟을 말해주었다. 총싸움 놀이는 앉아서 했는데도 몇 번 하니까 지쳐서 더는 할 수 없었다. 이불썰매, 책보기 놀이, 총싸움 놀이 등 모두 놀아준 시간은 30분이 안 되었다. 3시간 같은 시간이었다. 후다닥 정리한 뒤 자려고 누웠다. 진서가 다가왔다. 또 놀아달라고 할까봐 눈을 감고 자는 척했다. 잠자는 척 하는 아빠에게 한마디 했다.

"아빠, 놀아줘서 고마워요."

"응. 어서 자."

잠결의 목소리처럼 대답해주었다.

"네. 내일 또 아빠랑 놀고 싶다."

진서의 말에 고맙기도 하면서 아직 적응이 안 되어 걱정이 됐다. 고작 20~30분 놀아주고 이런 소리를 듣는 것이 미안하고 민망했다.

그 후로도 몇 권의 아빠 육아서를 읽었다. 감정카드 놀이를 소개한 책이 있었다. 하루 20분 정도 가족과 함께 하면 재미있는 시간을 보낼 수 있다고 했다. 카드에 표시되어 있는 감정을 표현하는 것인데, 평소 아이들의 감정을 읽어주는 감정코칭의 도구라고 소개했다. 마음에 들었던 점은 앉아서 하는 놀이라는 점이었다. 체력 소모가 없을 것이라 생각했다. 아내에게 당장 주문하라고 했다. 제대로 놀아주겠다고 큰소리 쳤다. 아니, 제대로 놀아주기보다 편하게 놀아주고 싶었다.

어떤 책은 체스가 두뇌개발에 좋다고 소개했다. 그 내용을 보고 당장 구입하기도 했다. 좋은 아빠가 되기 위한 몸부림이었다.

 2018년 10월 14일 일기(DAY 1486) '

조금은 친해졌다' 중에서

이불썰매를 태워준 후 부쩍 친밀도가 높아졌다. 아빠를 졸졸 따라다니며 같이 놀자고 한다. 어제 엄마가 외출했을 때 태블릿 PC

를 켜주었다. 나중에 이 사실을 알고는 엄마가 진서를 방치시킨다고 아빠에게 다소 큰 소리로 불만을 나타냈다.

　오늘 오전에 엄마가 사우나에 갔다. 또 태블릿 PC를 켜주려고 하니까 진서가 먼저 안 된다고 했다. 대신 아빠와 감정카드 놀이를 하자고 했다. 오만 가지 인상을 써가며 한참 동안 감정카드 놀이를 한 후 장난감이 많이 있는 방으로 가서 놀았다. 담배 한 대 피우고 온다고 해도 안 된다며 아빠를 꽉 잡았다. 눈이 저절로 감길 때쯤 엄마가 왔다.

　점심밥을 준비할 때 아빠는 잔다며 방으로 들어갔다. 보통 야간 근무 때 1시간 정도 낮잠을 자는데 3시간 넘게 잤다. 똑같은 몸 상태였는데, 진서와 놀아준 날과 그렇지 않은 날의 차이가 컸다. 저녁을 먹고 담배 한 대 피우고 출근 준비를 하려고 했다. 옥상으로 올라가는데, 진서가 밥 먹다 말고 맨발로 따라왔다. 아빠와 같이 있겠다며 옥상까지 왔다. 맨발과 팬티바람이 안쓰러워 담배도 피는 둥 마는 둥 하고 진서를 안고 내려왔다. 야간 근무를 하는데 진서가 보고 싶었다. 아쉬운 대로 동영상을 몇 번 봤다.

　감정카드 놀이가 평소 아이의 감정을 읽는 데 어느 정도 효과가 있었는지 내 경험으로는 확정적으로 말할 수 없다. 체스를 구입할 때 '나도 흥미가 없는데 아들이 재미있어 할까? 두뇌개발에 도움은 될까?'라는 의문이 있었다. 포장 박스에 '3세 이상'이라는 문구 하나만 보였다. 진서는 체스 룰도 지키지 않고 움직이고 싶은 곳 아무데나 놓

아들과 친해지는 나만의 방법을 알아가게 되었다.
이제는 아들과 단둘이 보낼 때 전혀 힘들지도 어색하지도 않다.

왔다. 하루 지나면 말 한 개가 없어졌다. 구입 후 딱 한 번 했다. 아내
와 아들이 한 번 더 했다고 한다. 돈만 버렸다고 표현하는 것이 맞다.

　위에 언급한 노력들은 시중에 나와 있는 육아서를 통해 시도한 것
이었다. 소아정신과 전문의나 교육학자 같은 전문가가 쓴 육아서든
일반인이 쓴 육아서든 우리 아이에게 일괄적으로 접목시킬 수는 없었
다. 여러 개의 내용을 접목시켜 하나라도 성공하면 만족했다.

　영어신동의 공부법을 따라 할 수 없었지만 이불썰매라는 한 가지
놀이를 통해 아들과 친밀감을 높였다. 더 많은 육아서를 읽게 되었
다. 책에서 소개된 내용들을 실천하려는 노력은 아들과 친해지는 계

기가 되었다. 더 많은 노력들을 하기 시작했다. 아들과 친해지는 나만의 방법을 알아가게 되었다. 이제는 아들과 단둘이 보낼 때 전혀 힘들지도 어색하지도 않다.

2

우리 가족
영어 공부 도전기

아내와 같은 취미가 있다. 외국어 공부인데, 영어가 아닌 일본어다. 서로 시기는 달랐지만 같은 학원에서 1~2단계의 기초과정을 마쳤다. 임신 중에 산전휴직을 한 상태에서 같이 새벽반을 다니며 공부했다. 총 6단계 과정 중 중급단계인 4단계까지 했다. 아들이 태어난 후 육아에 신경 쓰느라 고급단계까지 공부하기는 무리였다. 일본어 공부는 '잠정 접기'에 들어갔다.

학창 시절 영어는 아주 잘하지는 못했지만 그래도 점수를 올리는 전략 과목이었다. 물론 문법과 독해 위주의 공부였다. 그 시대 영어 공부의 바이블이었던 '성문 영어' 시리즈와 '맨투맨' 영어를 몇 번 봤지만 회화는 꽝이다. 경찰 시험을 준비하면서 영어를 공부한 것이 마지막이었다. 이때도 문법과 독해 위주였다. 그 후 15년 가까이 영어

책은 덮어 놓았다.

아내도 영어 공부를 못하는 것을 늘 마음에 걸려 했다. 아들이 18개월에 접어들 때쯤 "진서가 유치원만 가도 영어를 공부할 텐데, 육아 때문에 몸이 힘들어."라고 했다. 마침 TV에서 영어회화를 공부할 수 있다는 광고가 나왔다. 초보 회화부터 고급 회화까지 태블릿 PC에 내장되어 있어 평생 학습을 할 수 있는 장점이 있었다. 당장 사자고 아내에게 말했다. 아내는 다른 방법도 알아보고 어떻게 공부할지 천천히 결정하자고 했지만, 나는 광고만 보고 의욕에 불타 구입했다. 곧 술술 회화를 할 것 같은 기분이었다.

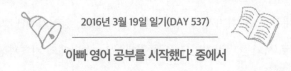

2016년 3월 19일 일기(DAY 537)
'아빠 영어 공부를 시작했다' 중에서

요즘은 유치원부터 영어를 공부하는 세상이다. 진서도 몇 년 후면 영어 공부를 시작한다. 아빠가 공부를 다시 시작한 계기도 진서와 함께 영어로 대화하고 싶고, 가이드 없이 해외여행도 다니기 위해서다. 아빠는 다짐한다. 영어회화 공부에 실패하면 훗날 진서가 공부하기 싫어해도 공부하라는 잔소리는 하지 않을 것이다. Never give up.

약 한 달간은 반복에 반복을 거듭했다. 사무실 책상에 탁상용 영어 단어장을 올려놓고 수시로 암기했다. 혼자보다 둘이 하면 더 힘이 날 것 같아 아내에게 같이 하자고 했더니, 방학 때부터 하겠다고 했다. 그런데 막상 방학이 되니, 내년부터 한다는 것이다. 몸이 너무 힘들다는 게 이유였다. 이해했다. 육아를 혼자 하다시피 하고 있는데 영어 공부까지 하려면 스트레스 받을 것이다. 나는 아내도 동참할 때까지 기다린다는 명분으로 슬그머니 태블릿 PC의 전원을 껐다.

진서는 46개월에 어린이집에서 영어문화원으로 옮겼다. 수업은 3월부터 시작했는데, 진서는 7월 말부터 시작했다. 진서도 무작정 따라할 수밖에 없었다. 듣기나 잘하면서 버텨주길 바랐다.

 2018년 7월 27일 일기(DAY 1397)

'turn off the light' 중에서

영어문화원 다닌 지 1주일이 되었다. 이번 주 공부한 내용은 Turn off the light. Turn on the light. 부모가 가정에서 확인하고 체크하는 유인물이 있어서 진서가 배운 문장을 영어로 말해보았다.

" Turn off the light."

"터어 어브더 라이. 불을 꺼주세요."

제법 비슷한 발음으로 뜻까지 말했다. 엄마 아빠 모두 깜짝 놀랐다. 여러 번 시켜가며 신기해했다. 시키는 대로 다 하던 진서가 "졸려." 하며 침대에 누웠다. 그리고는 한마디 툭 던졌다.

" Turn off the light."

다시 한국말로 '번역'해서 한마디 더했다.

"엄마. 너무 졸려. 불 꺼주세요."

진서가 잠든 후 엄마 아빠는 빨리 영어 공부를 다시 시작하자고 약속했다.

우리는 그 약속을 지키려고 노력했다. 아들이 배우는 진도에 맞춰 상황을 설정해서 세 식구가 회화를 했다. 그러니까 재미도 있었다. 주고받는 대화가 딱 한 문장이라 부담도 없었다. 어느 순간 문장도 길어졌다. 그 바람에 유인물을 보지 않으면 나는 즉각 말문이 떨어지지 않았다. 회화를 안 하다 하려니 유치원 수준도 만만치 않았다.

아내도 발등에 불이 떨어졌다. 통역대학원에 다니는 학생과 일대일 레슨까지 받기 시작했다. 주 1회 2시간씩 레슨을 받고, 나와 복습을 통해 반복했다. 하지만 오래가지는 못했다. 어려워진 문장을 배우다 보니 아들도 싫증을 내며 하기 싫어했다. 아들이 흥미를 잃으니까 아내와 나도 자연히 시들해졌다. 어느 순간부터 아내는 퇴근하고 돌아와 피곤하다며 자기 바빴다. 임용고시 준비할 때는 4시간만 잤다고 해서, 내가 한마디 해줬다.

"절박함이 부족한 거야."

아내도 동의했다.

진서는 영어보다 중국어가 재미있다고 했다. 집에서도 중국어 교재만 펼치며 같이 공부하자고 졸라댔다. 하시만 우리 부부는 중국어를 전혀 몰랐다. 엄마 아빠가 못 해주니까 진서는 불만이 생겼다. 월요일부터 목요일까지 정규수업 이후 1시간씩 선택적으로 공부하는 시간에 중국어를 시켜달라고 했다. 우리 부부에게 다시 영어 공부를 한다는 기약이 없어졌다. 영어회화를 위해 마련한 태블릿 PC는 나와 아들이 필요한 유튜브를 보는 기기로 대체되었다.

그 후 집에서 진서가 하는 영어는 딱 세 마디였다. Yes, No, Oh my god.

"진서야, 멸치하고 밥 먹을까?"

(혀를 굴리며) "No."

"김하고 먹을까?"

(고개를 가로저으며) "No."

"햄하고 먹을까?"

(강한 억양으로) "Yes."

자식이니까 들어주고 있지 정말 못 들어줄 정도로 듣기 싫었다. 영어수업을 제대로 하고 있는지 의문이었다. 나도 포기했으니까 할 말은 없었다. 그나마 영어를 못 해도 중국어와 한문을 좋아하는 것에 만족했다. 특히 한문은 익히는 속도가 빨랐고, 공부할 때마다 재미있어 했다.

졸업 발표회 때 5세반 아이들이 영어로 자기소개를 했다. 앞서서 하는 친구들이 유창하게 잘했다. 우리 진서는 2학기부터 다녔으니까 못해도 상관없다고 생각했다. 그래도 학부모 80여 명이 듣고 있으니 이름 정도는 말해주길 바랐다. 진서 순서가 다가오자 장모님이 내게 물었다.

"진서도 저 정도 하는 거야?"

"아뇨. 다닌 지 얼마 안 돼서 못해요. 이름만 영어로 말해요."

희망사항을 슬쩍 얹어서 말씀드렸다.

드디어 진서 순서가 되어 마이크 앞에 섰다. 'Hello, Everyone'으로 시작해서 이름과 나이 등 다섯 문장을 다른 친구들과 똑같이 암기해서 말했다. 집에서 전혀 안 해서 못하는 줄 알았다. 수업을 잘 듣고 있는 것 같아 고마웠다. 내 아들이지만 장했다.

이솝우화에 〈엄마 게와 아기 게〉 이야기가 있다. 엄마 게는 옆으로 걸으면서 아기 게에겐 똑바로 걸으라고 하는 내용이다. 자기는 못하면서 상대방더러 잘하라고 강요해서는 안 된다는 가르침이다. 아빠의 영어회화 공부는 사실상 실패했다. 언젠가 다시 할 수는 있다. 아니면 이를 대체할 만한 공부를 할 수도 있다. 여하튼 아무것도 안 하면서 엄마 게처럼 강요하지 않겠다고 거듭 다짐한다.

3

공부도 잘하고
놀기도 잘했으면

어린 나이에는 어린이집에 가고 일곱 살에는 유치원에 다니는 줄 알았다. 보육과 교육의 차이도 몰랐고, 누리 과정이라는 말은 들어봤어도 구체적으로 어떤 과정인지는 몰랐다. 나이에 따라 돌봐주는 곳이 다르다고만 생각했다.

나의 유년 시절인 1970년대는 어린이집이라는 개념이 있었는지 모르겠다. 나는 다섯 살 때 태권도장 몇 개월, 일곱 살 때 유치원 같은 미술학원을 1년 다녔다. 어머니는 사회생활을 하지 않아 늘 어머니의 보호 아래 있었다. 지금이야 맞벌이 부부가 대세지만 당시엔 외벌이 가정이 많았다. 지금은 외벌이 가정에서도 아이들의 사회성을 길러준다며 어린이집에 보내는 경우가 많다. 그냥 몇 시간이라도 쉬고 싶어서 보내는 엄마들도 많은 것 같지만.

진서가 태어난 지 7개월 되었을 때 문화센터에 등록했다. 오감발달 놀이 과정이다. 7~11개월 된 아이들이 사물을 만져보고 느껴보기도 하는 놀이인데 정서 발달에도 도움이 된다고 했다. 일주일에 한 번 수업, 석 달 수강료가 101,000원이었다. 한 번 가본 적이 있는데, 아이들이 바닥에 팥을 잔뜩 깔아놓고 만지며 놀고 있었다. 주걱으로 그릇에 담았다 쏟았다를 반복했다. 그런 놀이가 정서 발달에 도움이 되는지 회의가 들었고, 수강료도 비싸다고 느꼈다. 문화센터에서 노는 모습을 보고 아내가 행복해하니 그걸로 만족했다.

10월생인 진서는 우리 나이로 세 살이 되었을 때 어린이집에 다니기 시작했다. 정확히는 17개월 때부터다. 할아버지 댁과 같은 아파트로, 가정집을 어린이집으로 사용하고 있는 곳이었다. 어린이집에 보내자마자 걱정이 밀려왔다.

'엄마가 보고 싶다고 울지 않을까? 밥은 잘 먹을까? 친구들과 싸우지 않을까?'

다행히 적응을 잘한다는 선생님의 말씀을 들었다. 일주일간의 부모 동반 입소도 이틀 만에 끝냈다. 문제는 식사량이었다. 진서는 돌 무렵부터 엄마만큼 밥을 먹었다. 또래 아이들과 같은 양의 식사라면 턱없이 부족했을 터였다.

2016년 3월 18일 일기(DAY 536)
'적응을 잘하고 있는 해님반 김진서' 중에서

진서가 지난 일주일간 보호자 없이 10시부터 오후 4시30분까지 혼자 어린이집에 다녔다. 외할머니께서 관찰하신 결과, 다른 애들은 차분하게 앉아 있고, 먹을 때나 미끄럼틀을 탈 때나 순서를 잘 기다리는데, 진서는 천방지축이란다. 개월 수로 따지면 어린이집에서 가장 어리고 친구들과 어울려서 놀아본 경험이 없기 때문에 선생님의 통제를 이해 못 할 수 있다. 그래도 손등에 '참 잘했어요' 도장도 받아오고, 선생님께서 적응을 잘하고 있다고 하시니 다행이다. 간식으로 떠먹는 요구르트가 나왔는데, 또래 4명 중 진서만 먹었다고 한다.

2016년 3월 21일 일기(DAY 539)
'어린이집에서의 부족한 식사량' 중에서

어제 집에 와서는 탕수육과 밥 그리고 딸기를 폭풍 흡입하듯 먹었다. 혹시 어린이집에서 나오는 식사와 간식이 평소 집에서 먹던 양보다 턱없이 부족한 것은 아닐까? 운동량이 많아져서 먹는 양도 늘었을까? 엄마는 선생님께 보내는 알림장에 진서가 먹는 양이 많다고 식사 시에 잘 챙겨달라고 썼다. 집에서는 너무 많이 먹는 것 같아 걱정했는데 어린이집에서는 못 먹을까 걱정이다.

진서는 1년 동안 가정식 어린이집을 다녔다. 다니는 중간에 이상 행동을 하고 선생님을 보고도 반가워하지 않는 행동을 보여 옮기려고도 했다. 그래도 믿고 맡긴 것이 좋았다. 아직 어린애다. 말타기 놀이 할 때나 간식을 먹을 때도 친구들을 배려하지 않고 욕심만 부렸다고 생각하면 마음 편했다. 밥하고 간식 많이 주고, 친구들과 싸울 때 말려주고, 기저귀 잘 갈아주는 것이 보육이고 교육이라고만 생각했다.

1년 후 네 살이 되었을 때는 규모가 큰 어린이집으로 옮겼다. 큰 병원과 보건대학교, 교회가 같이 있어 캠퍼스 같은 곳이다. 배 속에 있을 때 미리 신청하고 3년을 기다렸다. 동네에서 가장 인기 있는 어린이집이다. 어린이집 건물 바로 앞에 잔디밭이 있고 나무도 심어져 있어 동산 같다. 뛰어놀기 좋아하는 아이들에겐 최고의 시설이다. 인터넷 카페에 매일매일 동영상과 사진으로 소식이 올라온다. 진서의 동영상과 사진도 올라왔다. 놀이터나 실내에서 노는 모습이 대부분이었다. 동요를 부르며 율동하는 모습도 간간이 있었다. 나는 '잘 놀고 있구나!' 하며 만족했다.

다섯 살이 되니 교육적인 프로그램이 생겼다. 그림 그리기와 만들기 과정이다. 영어 선생님과 외국인 선교사들이 주 1회 영어수업을 하는 프로그램도 있었다. 진서의 어린이집 가방은 도시락 통 외에 교육에 필요한 것들로 하나씩 채워졌다.

한 학기를 다닌 후 어린이집을 옮겼다. 아내가 같이 체험하고 결정했다. 영어유치원과 교육과정이 같은 영어문화원이다. 종교재단에서 운영하는 곳인데 유치원인 줄 알았다. 진서는 같이 체험한 친구들보다 적응을 잘했다고 한다. 선생님도 이렇게 적응을 잘하는 아이는 처음 봤다고 했을 정도다. 체험을 마친 뒤 아내가 영어문화원에 대해 이런저런 설명을 했다. 그곳에 보내고 싶어 하는 눈치였다. 나는 유치원이면 보육적인 측면보다 교육적인 측면이 가미된 곳으로만 인식하고 아내의 뜻에 따르기로 했다. 그것이 마음 편했다.

그런데 체험 기간 때와 달리 진서가 다니기 싫어했다. 처음 며칠 동안은 아침마다 전쟁을 치를 정도였다. 어린이집과 달리 놀이터가 없고 배봉산에 가는 시간도 없다는 것이 싫은 이유였다. 나는 고개를 갸우뚱했다. 배봉산이야 그렇다 치더라도 놀이터가 없다는 게 의아했다.

"유치원에 왜 놀이터가 없어?"

아내에게 물었더니 이런 대답이 돌아왔다.

"정확히는 영어 유치원 과정을 배우는 학원이야. 누리 과정 교육도 해."

구체적으로 어떤 교육을 한다는 건지는 알 수 없었다. 이곳 영어문화원을 졸업하는 아이들이 영어를 잘한다는 소문이 자자했지만, 7세는 몰라도 5세부터 영어 공부를 시작한다는 것이 마음에 안 들었다. 어린이집에 다니면서 미술학원이나 태권도장 정도 다니면 좋았을 걸 하는 생각이 들었다.

나는 이때부터 배봉산에도 같이 가고, 자녀 교육에도 관심을 갖게 되었다. 담임선생님이 써준 학습평가서를 꼼꼼히 읽어보았다. 수업 시간의 학습태도와 공부에 관한 이야기가 전부였다. 인성을 배워야 하는데 공부에만 몰입하는 것은 아닐까 걱정되었다. 학부모 상담 기회가 있어서 직접 가서 받아봤다. 영어문화원이 어떤 곳인지도 궁금했다.

2018년 11월 1일 일기(DAY 1503)
'영어문화원 담임선생님과의 상담 결과' 중에서

상담하기 위해 진서가 공부하는 교실로 들어갔다. 숨이 막혔다. 작은 방 같은 교실에 칠판이 있고, 초등학교 때부터나 앉아서 공부할 책상과 의자가 정렬되어 있었다. 여기서 수업을 듣는다고 생각하니 한창 뛰어놀 나이에 얼마나 답답할까 안쓰럽기까지 했다. 체험 기간에 내가 왔었다면 보내지 않았을 것 같다.

선생님이 진서가 공부하고 있는 책을 보여주시며 특히 영어를 잘한다고 하셨다. 친구들에 비해 5개월 정도 늦게 시작했는데도 적극적으로 한단다. 숫자를 우리말로 세면 열까지 세면서 중간중간 빼먹기도 하는데, 영어로는 빼먹지도 않고 세는 속도도 빠르다고 한다. 발음도 좋다며 칭찬 일색이었다. 속으로는 별 생각이 다 들었다.

'한글도 못하면서 영어를 잘하는 게 좋은 건가? 계속 다니게 하기 위해 듣기 좋으라고 하신 말씀이실까?'

더군다나 중국어도 제법 잘 따라한다고 했다. 집에서도 중국어 CD를 들으며 중얼중얼하는 걸 종종 봤기 때문에 그런가 보다

했다. 일종의 학원이라는 말을 들었기 때문에 누리 과정에 대해 물었다. 누리 과정과 연계한 교육을 하고 있다고 했다. 체육활동에 대해 물어보니까 매주 수요일 외부 선생님이 오셔서 30분간 유아 체육을 한다고 했다. 일주일에 한 번 30분은 부족하게 느껴졌다. 상담을 마치면서 선생님께 당부했다. 떼쓰거나 무례한 행동을 하면 따끔하게 혼내 달라고. 인성교육도 잘 부탁드린다고.

상담을 통해 진서가 잘 못 따라간다는 말을 들으면 어린이집으로 유턴하려고 했다. 누리 과정과 연계한 교육을 하고 있다고는 하는데, 누리 과정에 대한 지식이 없어 구체적으로 물어볼 수도 없었다. 칭찬 일색이니 또 믿고 맡길 수밖에 없다고 생각했다. 가뜩이나 유치원 비리가 사회적 문제로 대두되는데 종교재단에서 운영하는 만큼 믿고 싶었다. 그리고 적극적으로 놀아줘야겠다고 다짐했다. 며칠 후 한 번도 가지 않았던 키즈카페에 데리고 가서 실컷 놀게 했다. 한겨울 쌀쌀한 날씨에도 진서가 원하면 배봉산에 데리고 갔다.

시사평론가로도 활동하는 스승 노동일 교수님은 딸만 셋을 두었다. 그분은 "셋을 다 키워놓고 비로소 육아를 알았다"라고 했다. 그만큼 정답도 없고 어려운 게 육아라는 말씀인 듯하다. 이왕 시작한 영어문화원. 진서가 그곳에서 공부도 잘하고 놀기도 잘하도록 노력해야겠다.

부부 싸움을 부르는
유아 학습지

진서가 두 돌이 지났을 무렵이었다. 집 앞 대로변에 유아학습지를 홍보하는 사람들이 보였다. 횡단보도 근처 좋은 자리를 선점한 그들의 홍보는 며칠에 걸쳐 이어졌다. 아이들의 시선을 끌기 위해 상담만 받아도 사탕과 스티커, 풍선을 선물로 나눠줬다. 가입하면 장난감 등 더 큰 선물이 기다리고 있었다. 나는 보행신호를 기다리며 상담 선생님들의 얘기를 잠깐씩 듣곤 했다. 설명을 듣고 있으면 당장 가입해야만 될 것 같았다. 아무리 조기교육을 한다고 하지만 두 돌부터 시키는 것은 아니라고 생각했다. 더 중요한 건 혼자 결정했다가 실효성이 없으면 아내의 원망이 쏟아진다는 사실이었다. 그게 싫어서 무관심하기로 했다.

그런데 어느 날 아내가 무료로 나눠주는 교재를 받아 왔다. 매일 아이를 앉고 지나다니다가 상담을 받았던 모양이다. 일주일에 한 번 선생님이 방문해서 수업을 진행한다고 했다. 구구절절 설명을 하며 시키자고 했다. 나는 내키진 않았지만 아내 의견을 따랐다.

2016년 11월 2일 일기(DAY 765)

'가정방문 선생님과 학습지 공부 시작' 중에서

말을 배우는 1단계 학습지 공부를 시작했다. 15분의 짧은 시간이지만 노래와 율동에 맞춰 단어를 익히고 색칠공부를 했다. 즐거워하고 때론 진지하기까지 했다. 양반다리를 하고 선생님의 말씀 한마디에 집중하며 따라하는 모습은 초등학교 3학년 정도의 아이로 착각하게 만들었다.

아빠는 퇴근이 늦어 엄마가 찍은 동영상을 통해 진서가 공부하는 모습을 보았다. 엄마는 15분의 시간이 1분처럼 느껴졌단다. 그래서 수업이 끝난 후 무한 반복을 시켰다. 진서는 웃으면서 계속 따라했다. CD에서 흘러나오는 노래에서 "머리!" 하면 손을 머리에 대고, "배꼽!" 하면 배꼽에 댔다. 껑충껑충 뛰면서 동작을 따라 했다. 이 모습을 찍은 동영상이 소장하고 있는 동영상 중 가장 재미있다. 대견한 장면이다. 여러 번 반복해서 봤다. 자식이 공부하는 모습을 볼 때가 가장 흐뭇하다는 말을 실감했다.

'대한민국 사람 다 아는 동요 <곰 세 마리>' 중에서

진서 덕분에 오랜만에 들어본 동요다. 오늘 배운 2단계 학습지 제목이기도 하다. 아빠 곰, 엄마 곰, 아기 곰의 스티커를 붙이고 여러 상황을 따라해 보며 공부했다. 선생님도 지난주보다 잘한다며 칭찬해주셨다. 엄마의 감탄사 연발은 멈춤이 없었다.

같은 그림 맞추기 문제가 있었다. '다섯 살도 못 맞춘 그림을 진서가 맞췄다'는 선생님의 말씀에 엄마의 박수소리가 유난히 컸다. 15분의 수업이 끝난 후 <곰 세 마리> CD를 틀어놓고 율동을 하면서 짧은 수업 시간의 여운을 이어갔다. 피곤해하시는 엄마를 대신하여 아빠가 했다. 중간중간 동영상을 촬영하고 할머니께 보내드렸다. 이내 전화가 왔다. 너무 대견하다며 다음 주까지 100번은 더 보실 것 같다고 하셨다.

엄마는 매주 수요일만 기다려진다고 한다.

학습지는 4~5개월 한 후 그만 됐다. 갈수록 산만해지고 집중력이 떨어져 수업시간에 자주 딴짓을 했다. 다소 아쉬움이 있었지만 그만두는 것이 좋다고 판단했다. 나는 선생님이 방문하는 시간에 한 번도 집에 있지 않았다. 일부러 피했다. 운동을 하러 가거나 약속을 잡고 늦게 왔다. 아빠가 지켜보고 있으면 방해가 될 것 같아서였다. 나중에 동영상을 보고, 아내의 수업 평을 귀 기울여 들었지만 그것만으로는 학습지의 효과에 대해 판단할 수 없었다. 다만 두 돌 갓 지난 아들이 노래를 부르고 율동하는 모습이 귀엽게만 느껴졌을 뿐이다. 이 나이 때 천재가 아니라면 색칠공부하고 음악에 맞춰 율동하는 것 외에 달리 기대해서도 안 된다. 우리 부부는 나름대로 만족했다.

방문선생님 학습지 대신 교육용 동영상을 보며 학습하는 기기로 공부를 했다. 한글, 영어, 수학, 과학, 전래동화 등 다양한 프로그램이 내장되어 있었는데, 집에서 엄마 아빠가 지도해줘도 중구난방이었다. 진서가 보고 싶은 것만 계속 돌려보아 몇 개월 하다가 그만뒀다. 교육용 동영상보다 〈꼬마버스 타요〉와 〈뽀로로〉를 훨씬 좋아했기 때문에 달래가며 공부시키기에는 한계가 있었다.

한동안 가정에서의 교육은 포기하고 어린이집 잘 다니고 건강하게 자라주는 것에 만족하고 지냈다. 때가 되면 숫자도 세고, 덧셈, 뺄셈도 할 거라 믿고 있었다. 하루는 아내가 5세용 유아 학습지 설문지를 가져와 보여주었다. 0~2세의 교재와는 천양지차였다. 단순히 동요 부르기와 색칠공부가 아니었다. 급기야 아내와 언성이 높아졌다.

"무료로 받아온 지능검사 설문지야. 체크해보자."

"이게 5세용이야?"

"어. 책을 무료로 받으려고 일찍 갔는데, 엄마들이 엄청 많이 왔어."

설문지를 보고 또 보다 아내에게 말했다.

"이건 5세용이 아니야. 학습지 팔아먹기 위해서 일부러 어려운 문제만 낸 거 같아."

"요즘은 이런 거 다 하나 봐. 엄마들이 가입 신청 많이 하더라고."

"뭘 다 해? 우리 아이만 못하는 것처럼 조급증 느끼게 해서 가입시키려고 하는 거야. 난 안 시켜. 절대로 가입하지 마."

"누가 가입한대? 요즘은 이렇게 공부한다는 거지."

아내는 단순히 설명해주려고 했다지만 내 귀에는 가입하자는 의도로 들렸다. 딱 서너 마디 대화를 주고받은 후 목소리 톤이 높아졌다. 분위기상 더 이상 대화하기가 싫었다. 학습지는 난이도가 상중하로 구성되어 있지만 모두 상의 난이도로 보였다. 영재 유아 학습지도 아니고, 기가 막혔다.

 2018년 5월 92일 일기(DAY 1338)

'유아 학습지 회사의 상술?' 중에서

엄마는 아침 일찍 학습지 회사가 있는 곳에 다녀왔다. 무료로 나눠주는 유아용 책과 아이의 지능검사를 할 수 있는 설문지도 받아왔다. 책을 선착순으로 나눠주기 때문에 일찍 도착하고도 한 시간 이상 기다렸다고 한다. 이미 집에는 선물로 받은 책이 수백 권 있는데도 부모들의 책 욕심은 끝이 없는 것 같다. 엄마는 가입할까 말까 근심이 쌓였다. 설명회를 듣고 지능검사 설문지를 받아왔는데, 진서에게는 너무 어렵다. 아빠가 보기에도 5세용이 맞나 싶을 정도다.

설문) 고궁이나 유적지를 좋아하나요?

자주 데리고 가본 부모들이야 쉽게 답할 수 있지만, 솔직히 고궁을 데리고 가본 적이 없어서 뭐라 답할 수 없다.

설문) 더하기, 빼기를 잘할 수 있나요?

진서보다 3개월 빠른 아이가 백 단위까지 셀 수 있다고 들었으니, 이 정도는 이해한다.

설문) 세계 여러 나라의 말을 공부하고 싶나요?

예문에는 영어 단어뿐만 아니라 중국어와 일본어 단어까지 있다. 영어 단어는 이해해도 중국어와 일본어까지는 아닌 것 같다.

그 밖에 블록을 쌓아놓은 그림을 보여주며 몇 개의 블록이 필요한지를 물어보는 설문도 있었다. 그림에 보이지 않는 숨겨진 블록까지 추리해서 맞혀야 하는 문제다. 학습지 회사의 상술로 여겨지는 문제였다. 우리 진서는 아직 1부터 10까지 세기도 틀릴 때가 많은데 도저히 맞힐 수 없는 문제다. 조급증을 냈다면 당장 시켰을 텐데 차분히 기다리기로 했다. 내일 축구하러 가자고 하니 "좋아, 좋아." 한다. 건강하니까 축구도 한다. 씩씩하게 뛰어놀아라.

어쩌면 우리 아이만 공부를 못하는 것일 수도 있다. 또래의 평균 아이들은 잘할지도 모른다. 그래도 잘한 결정이라 생각한다. 아이 교

40년 전 공부 방법과 지금의 방법이 같을 수는 없다.
그렇다고 지금의 방법이 꼭 옳은 것은 아니라고 본다.

육에 조급증을 내서는 안 된다.

진서 친구 인성이 아빠도 자신이 어렸을 때 배운 방식이랑 너무 다르다며 시키지 말자고 했고, 그러다 부부싸움을 했다고 한다. 인성이 아빠도, 나도 1970년대 생이다. 40년 전 공부 방법과 지금의 방법이 같을 수는 없다. 그렇다고 지금의 방법이 꼭 옳은 것은 아니라고 본다. 학습지를 부모가 따로 공부시켜 줄 자신이 없으면 안 시키는 것이 상책인 것 같다.

5

엄마 아빠를 닮았어도
선택은 자녀에게

아내는 대학 때까지 운동을 전공한 체육인이다. 나는 학창 시절에 운동부 다음으로 운동을 많이 했다. 대학 때까지 체육대회 때마다 종목 가리지 않고 반대표, 과대표로 출전했다. 아내와 나의 또 다른 공통점은 일본어 공부에 취미가 있다는 점이다. 아내는 학생들을 인솔하고 일본에 갈 기회가 몇 번 있어서 필요성을 느꼈다고 했다. 나는 '업무에 도움이 될까? 일본에 가볼까?' 정도의 생각으로 공부했다. 아내와 나의 또 하나의 공통점은 수학을 싫어한다는 점이다. 뼈 아픈 공통점이다.

52개월 된 아들도 엄마 아빠를 닮아 운동을 잘한다. 체력도 좋은 것 같다. 또래 아이들과 수면 시간이 비슷한데 수영장을 다녀온 후 친구들은 잠들어도 잘 생각을 안 한다. 아내만 닮은 점도 있다. 그럼을 잘 그린다는 것이다. 내가 보기에 아내의 그림 솜씨는 수준급이다.

진서는 51개월 지나서부터 집에서는 한문 공부만 하려고 했다. 〈마법천자문〉 동영상을 일주일 동안 본 뒤 십여 개 배운 글자를 모두 익혔다. 길거리를 지나가다가 한자로 쓰여 있는 아파트 이름이나 간판을 보면 무슨 자인지 꼭 물어보고 허공에 손가락으로 쓰곤 했다. 아는 글자가 나오면 큰 소리로 말하고 기뻐했다. 그런데 아직 한글은 한 글자도 못 읽는다. 한글은 뒷전이다. 한글을 빨리 깨우치고 영어신동이 되는 것도 중요할 수 있지만 천자문 하나만 잘해도 만족한다. 나는 진서에게 천자문을 가르치며 오랫동안 같이 공부할 자신이 있다. 공부하는 시간이 스킨십을 나눌 수 있는 계기가 될 것으로 기대한다.

나의 할아버지이자 아들의 증조할아버지는 1891년생이다. 시골에서 천자문을 가르치는 서당을 했다. 진서는 증조할아버지에게 영향을 받은 걸까? 이유야 어쨌든 적극적으로 공부하려는 모습이 좋다. 아들과 같이 〈마법천자문〉을 보며 공부하고 있어 행복하다. 아쉽게도 수학은 엄마 아빠를 쏙 빼닮아서 숫자만 봐도 고개를 돌리며 짜증을 낸다.

 2018년 12월 2일 일기(DAY 1535)

'수학은 하지 마!' 중에서

진서가 잠들기 전 책을 4권 들고 엄마에게 읽어 달라고 한다. 무슨 책인지 깔깔깔 웃으며 신이 나 있다. 엄마는 이 기세를 몰아 벽

에 붙어 있는 숫자를 따라 읽게 했다. 처음에는 '하나, 둘, 셋…….'
하며 잘 따라 했다.

"진서가 안 보고 혼자 해봐."

"하나, 둘, 셋, 넷, 다섯, 여섯, 일곱, 아홉, 열."

"여덟은 어디 갔어?"

(더 큰 목소리로) "하나, 둘, 셋, 넷, 다섯, 여섯, 일곱, 아홉, 열."

또 여덟이 빠졌다. 엄마가 손가락을 하나씩 접어가며 차근차근
먼저 말해주고 따라 읽게 했다. 진서의 표정이 점점 어두워졌다.

"자, 다시 진서가 해보자."

"하나, 둘…… 으앙!"

눈물을 쏟기 시작했다.

"수학은 하지 마, 수학은 하지 마!"

절규에 가까웠다. 더 이상 시킬 수 없었다.

모든 분야를 잘할 수는 없다. 엄마 아빠도 못한 수학을 진서에게
잘하라고 강요할 수는 없다. 살아가면서 남에게 속지 않을 정도의
기본적인 더하기 빼기만 하면 된다. 나머지는 핸드폰 속 계산기가
알아서 해줄 것이다.

널리 알려진 김웅용 신한대 교수의 사례를 듣고 나는 태교가 중요
하다고 판단했다. 김웅용 교수에 관한 언론 보도 내용을 종합해보면
입이 딱 벌어진다. IQ 210인 김 교수는 한 살에 한글과 천자문을 뗐
다. 네 살에 대학 과정의 수학 문제를 풀어 대학 청강생으로 입학했

으며, 4개 국어를 구사했다. 초등학교 다닐 나이에는 미항공우주국 NASA에서 공부했다. 그의 부모는 둘 다 교수였다. 일반적인 상식으로는 도저히 이해가 가지 않는 김 교수의 두뇌다. 의학적으로나 교육학적으로도 쉽게 설명이 안 된다. 나는 나름대로 태교의 영향이라고 생각했다.

유튜브에 '공부 잘하는 아이를 만드는 법'이란 주제의 동영상이 있다. 유시민 현 노무현재단 이사장의 강연이다. 이 강연에서도 태교의 중요성을 말하고 있다. 만져주고 대화하는 적절한 자극이 필요하다고 한다.

임신 사실을 확인한 다음 날 우리 부부는 대형 서점으로 향했다. 태교에 관한 CD와 책을 알아보기 위해서였다. 나는 쉽게 결정하지 못해 이 책 저 책을 들었다 놓았다만 했다. 문득 '나도 이런 책을 보게 되는구나!'라는 생각이 들었다. 신기하기도 했고 뿌듯하기도 했다. 책은 아내가 고른 것으로 한두 권 사기로 했다. CD 구입은 일단 보류했다.

대신 유명 가수들의 콘서트에 자주 갔다. 쾅쾅 울리는 사운드에 아내의 스트레스가 날아갔다. 집에서 CD로 태교음악을 듣는 대신 콘서트장을 택한 것도 괜찮은 선택이었다. 그런데 어느 날 집에 가니 아내가 CD로 태교음악을 듣고 있었다. CD를 어디서 빌려온 모양이었다. 나는 굳이 출처를 묻지 않았다.

2014년 11월 10일 일기(DAY 401)

'음악소리에 덩실덩실 춤추다x' 중에서

엄마 배 속에 있을 때 가수들 콘서트장에 많이 가본 영향일까? 외할머니께서 들으시는 트로트 〈땡벌〉이 나오자 진서가 자동반사적으로 양팔을 흔들면서 박수를 쳤다. 고개를 좌우로 돌리며 리듬도 탔다. 그 모습이 귀엽다며 몇 번씩 반복해서 틀어주었다. 덩실덩실 춤을 추는 진서를 보며 외할머니와 엄마 아빠는 한참 동안 웃음을 그치지 못했다. 또래의 아이들도 이렇게 하는지는 모르겠지만 음악적 소질이 있었으면 좋겠다. 아빠는 노래도 못하고 춤도 못 춘다. 악보도 이해하지 못한다. 진서는 악기 하나쯤 다룰 수 있고 노래도 잘하길 기대해 본다.

사실 초등학교도 입학하지 않은 나이에 태교의 효과를 말하기는 무리다. 물론 태교의 영향도 분명 있기는 하겠지만 부모의 적성도 물려받는 것 같다. 중요한 건 아이의 적성이 무엇인지 빨리 알아가는 과정이다. 아들의 관점에서 찾아봐야겠다.

2018년 12월 28일 일기(DAY 1561)

'태권도는 백 살 되면 할 거야' 중에서

태권도장에서 3일간 태권도를 체험할 수 있는 기회가 있었다. 그

첫날 진서는 처음 하는 터를 꽉꽉 내며 주먹지르기와 발차기를 따라했다. 아빠는 진서의 동작 하나하나를 열심히 주시했다. 진서는 태권도뿐만 아니라 줄넘기와 공놀이도 웃으면서 잘했다. 그렇게 3일을 즐겁게 보냈다. 아빠는 진서가 좋다면 태권도장에 보낼 생각이었다. 그런데 어제 할머니 집에서 놀고 오더니 진서의 마음이 달라졌다.

"아빠, 나 결정했어. 미술학원만 다니기로."

"왜? 태권도 재미있었다고 했잖아."

"태권도는 백 살 되면 할 거야."

"그래, 아빠는 진서 의견을 존중할게."

그렇게 배우고 싶어 했고 체험 기간 내내 웃으면서 잘 따라했는데 이유를 모르겠다. 태권도를 다니면 데리고 오고가는 시간도 더 여유가 있을 것 같아 은근히 다닌다고 해주길 바랐다. 백 살이 언제인지도 모르는 아이다. 아빠 좀 편하자고 진서가 원하지 않는 것을 시켜서는 안 된다. 진서의 눈높이에서 모든 선택을 맡기는 게 좋다.

키즈카페에는
정말 아빠들이 있는 걸까?

키즈카페 가는 것이 대단한 일은 아니다. 아빠가 아이 손을 잡고 가는 것이 좀 창피하다고 생각했을 뿐이다. 엄마들만 가는 곳이라고 생각했다. 진서는 태어난 지 7개월부터 이모와 엄마하고 다녔다. 아내는 "다른 아빠들은 다 같이 오는데, 우리만 아빠가 없어."라는 말을 자주 했다. 내가 아버지를 닮아서 그런가? 아들과 같이 다니는 것이 어색하다.

아내의 불만 섞인 말을 들을 때마다 어린 시절이 떠올랐다. 나는 유치원 같은 미술학원을 다녔는데, 졸업 사진을 찍기로 한 날의 기억이 지금도 생생하다. 그날 어머니는 아버지가 안 간다고 하면 어쩌나 아침부터 고민했다. 내가 태어나는 날 형들하고 산부인과 가라고 했던 아버지이니 흔쾌히 허락할 리 만무했을 것이다.

졸업 사진은 아버지가 퇴근하고 집에 돌아온 뒤에야 찍을 수 있었다. 한나절 내내 전전긍긍하던 어머니는 아버지가 집에 오자마자 평소와 달리 강한 어조로 말했다.

"막내 미술학원 졸업 사진 찍으러 가야 돼요. 양복 벗지 말고 사진관에 갑시다."

"안 가. 아빠까지 갈 필요가 뭐 있어?"

"아빠 없는 애처럼 왜 안 가요?"

어머니의 목소리 톤이 높아졌다. 지금껏 볼 수 없던 모습이었다. 나는 벌벌 떨며 지켜볼 수밖에 없었다. 결국 아버지가 졌다. 아버지는 진 것이 분했는지 사진관을 가는 내내 한마디도 안 했다. 사진관에 도착하자 사장님이 던진 첫마디가 여전히 귀에 쟁쟁하다.

"두 분 싸우고 오셨어요?"

그 말에 아무도 대꾸하지 않았다.

"웃는 표정 좀 지어주세요"

두 분 모두 억지로라도 웃는 표정을 짓지 않았다. 무뚝뚝함 그 자체였다. 이때 찍은 사진은 가로 27cm, 세로 20cm로 인화되어 앨범 속에 소장되어 있다. 졸업 앨범에도 작게 실렸다. 아버지와 어머니, 내가 함께 찍은 유일한 사진으로 남아 있다.

그 시절 나의 아버지도 어린 아들을 데리고 다니는 것이 어색했을까? 지금의 나를 보면, 그랬을지도 모르겠다. 결혼식 때 가족의 추억이 담겨 있는 사진을 하객들에게 소개했다. 나는 이 사진을 실었다. 신랑 부모 석에 앉아 영상을 보던 어머니는 "아, 저 사진!" 하며 아버지를 보았다. 아버지는 멋쩍은 웃음만 보였다.

　진서 또래 아이를 키우고 있는 아빠들에게 키즈카페에 가본 적이 있냐고 물었다. 거의 모두가 가봤다고 했다.

　'그래, 나도 가보자.'

　나는 용기를 냈다. 무엇보다도 좁은 교실에서 책상에 앉아 공부하는 진서의 모습이 안쓰러웠다. 진서에게 먼저 가자는 말을 꺼냈다. 진서는 '아빠 최고'를 연발하며 겅중겅중 뛰었다.

2018년 11월 9일 일기(DAY 1511)

'아빠와 처음으로 키즈카페에 가다' 중에서

　키즈카페는 그야말로 아이들의 천국이었다. 동네 아이들이 여기 다 모여 있었다. 오래전부터 아이들이 건물 안에만 있다는 소리를 들어 왔는데, 실감했다. 하기야 요즘에는 구슬치기, 땅따먹기, 고무줄을 할 공간이 없기도 하다. 팽이치기도 집 안에서 작은 통 안에서만 한다. 줄을 감을 필요 없는 자동 팽이 시대이기도 하다. 팽이치기라기보다는 단순히 돌리기다.

　조그만 아이들은 분주한 키즈카페가 다소 위험하게도 느껴졌다. 두세 살 아이의 엄마들은 나와 같은 생각이었는지 아이를 졸졸 따라다니며 안전을 살피느라 바빴다. 49개월, 다섯 살 진서는 지켜만 보면 되었다. 굳이 시선을 고정하지 않아도 아이들끼리 잘 어울려 놓았다. 가장 인기가 있는 놀이는 '방방'이라 불리는 트램펄린이었다. 사방팔방 흩어져 놀던 아이들이 좋아하는 음악이 나오자 일제히 방방으로 몰려왔다. 조명이 어두워지고 오색불빛이 돌아갔다. 말 그대로 방방 뛰면서 덤블링을 했다. 성인 나이트장을 방불케 했다. 아이들이 춤을 추는데 모두 비슷한 동작을 했다. 아이들만의 율동이 있는 모양이었다.

아이들은 형, 동생, 친구를 형성하며 에너지 넘치게 놀았다. 진서도 노는 내내 땀이 머리를 적실 정도로 움직임이 많았다. 물을 자주 마셨고, 돈가스와 떡볶이, 과자를 먹었다. 하지만 노는 데 정신이 팔려 대부분을 내가 먹었다. 비용은 음식값을 합쳐서 27,500원이 들었다. 노는 데도 돈을 써야 한다는 씁쓸함이 있었지만 진서와 더 친밀해졌다는 사실에 만족했다. 엄마도 좋아했다.

사실 그날 키즈카페에서 아빠는 나 혼자였다. 엄마 아빠가 같이 온 사람도 없었다. 키즈카페에 오후 5시에 들어가 3시간 정도 있었는데, 아빠들은 오지 않았다.

키즈카페를 다녀온 후 아내에게 어깨에 힘을 주어가며 따졌다.

"아빠는 나밖에 없었어. 모두 엄마들만 오던데?"

"평일이잖아. 그것도 금요일 저녁시간 대이고. 가족과 함께 보내는 시간이야."

"그럼 거기 혼자 온 엄마들은 뭐야?"

"남편들이 약속 있어서 혼자 왔나 보네. 앞으로 자주 데리고 가서 놀아줘."

"알았어."

그러면 그렇다고 인정할 수밖에 없었다. 계속 따지고 들면 곤란해진다.

키즈카페 경험은 아이들의 놀이 문화를 엿볼 수 있는 계기가 되었다. 비용이 발생한다는 것이 흠이었지만 어쩔수 없는 현실이다. 키즈

카페 말고 에너지를 발산할 수 있는 곳을 찾아보기로 했다. 예나 지금이나 변하지 않는 것은 공놀이를 통한 운동일 것이다. 중랑천 변에 있는 체육시설에 자주 나가 진서와 축구공 패스 놀이도 하고, 더 크면 농구도 같이 하기로 결심했다.

'친구 같이 놀아주는 아빠가 되자!'

7

체벌할 것인가,
대화할 것인가

학창 시절 수업시간에 중국 한漢나라 때의 효자로 유명한 한백유韓
伯兪와 관련된 고사를 배웠다. 백유에게 잘못이 있어, 그의 어머니가
회초리로 종아리를 때리자 전과 달리 백유가 눈물을 흘렸다는 내용
이다. 어머니가 오늘은 어찌 우느냐고 묻자 백유가 답했다.

"저에게 잘못이 있어 회초리를 맞을 때 늘 아팠었습니다. 그런데
지금 어머니의 기력이 저를 아프게 하지 못하니, 그래서 우는 것입
니다."

나는 백유의 고사를 통해 부모님이 젊었을 때 효를 다하자는 교훈
을 얻었다. 고사에서 회초리를 인용한 것도 자연스럽게 받아들였다.
초등학교 때까지 어머니에게 빗자루로 맞았기 때문이다.

이런 내용의 고사가 요즘 교과서에 실리는지는 모르겠다. 자식을 향한 체벌도 자제하기를 권장하는 시대다. 아이 법으로 금지를 하려고까지 한다. 한마디로 회초리는 요즘 경향과 잘 맞지 않는다. 회초리가 자식 교육에서 뒷전으로 밀렸다고 할까? 굳이 회초리 비유가 없더라도 효를 강조하는 교훈적인 내용은 많다. 달리 생각하면, 회초리 없이도 인성 좋은 아이로 키울 수 있는 훈육법이 많다고 볼 수 있다.

나는 체벌에 관해 소아정신과 전문의가 쓴 육아서들을 여럿 보았다. 그 어떤 육아서에도 체벌이 필요하다는 견해는 없었다. 저자들은 부모가 감정을 다스리지 못해 체벌을 한다는 점을 꼬집었다. 아울러 한 번 매로 다스리면 강도가 점점 더 세진다고 경고했다. 나는 주변의 아빠들 중 일부가 손바닥으로 아이 엉덩이를 때렸다는 말은 들었다. 그 아빠도 회초리 같은 물건을 사용하면 아이들의 상처가 더 커지기 때문에 절대 안 된다는 교육관을 갖고 있었다. 그런데도 손바닥을 사용한 것은 그만큼 감정 조절이 어렵다는 증거일 것이다.

여러 견해를 종합해본 결과, 역시 체벌은 안 하는 것이 좋다. 나는 감정을 다스리지 못할 때 때리고자 하는 욕구가 강해진다는 것을 몸소 느꼈다. 특히 부부 싸움 시 아이에게 화풀이를 하는 나를 발견하고 흠칫 놀랐다. 평소 혼내지 않을 일도 더 큰 소리로 야단치곤 했다. 매번 후회해도 쉽게 고쳐지지 않았다.

진서가 엄마 배 위에서, 등 뒤에서 까르르 웃으며 놀고 있다. 엄마의 머리채를 잡고 놓지 않는다. 엄마가 제일 싫어하는 행동을한다. 엄마는 하지 말라고 소리만 질렀다. 그럴수록 더 세게 잡아당긴다. 보다 못한 아빠가 손으로 진서의 손등을 아프게 다섯 대때렸다. 이내 울음을 터뜨리고 아빠를 쳐다보며 자기 손등을 가리킨다. 아직 말을 못하지만 아프다는 표현을 하고 있는 것을 알 수있었다. 아빠는 똑같은 강도로 내 손등을 때렸다. 나도 아픈데 이제 갓 돌이 지난 아이는 오죽 아팠을까 하는 생각이 들었다. 엄하게 훈육하고 체벌하기보다 대화하는 아빠가 되기로 다짐해 본다.

30개월이 지나면서 고집이 세졌다. 장난감을 어지럽혀 놓아 정리하라고 해도 나 몰라라 했다. 좋아하는 TV를 틀어달라고 해서 정리하면 틀어준다고 했더니 그냥 버티기로 일관했다. 전혀 고집을 꺾지 않았다.

40개월이 지나면서 폭력성도 최고조에 이르고 있었다. 마음에 뒤틀리면 태권도 주먹지르기를 흉내 내며 때리는데 다섯 살 아이 치고는 강도가 셌다. 엄마 아빠는 물론 할머니도 때렸다. 이 모습을 지켜본 엄마 친구는 지금 시기에 태권도를 시키면 안 된다고 했다. 아빠도 수긍했다. 진짜로 배웠다간 주먹지르기와 발차기를 남발할 것 같왔다.

엄한 훈육이 필요하다고 느낀 건 선생님을 주먹으로 때렸다는 말을 듣고 난 후부터다. 아빠도 아픈데 이십대 젊은 여선생님은 더 아팠을 것이다. 선생님이 아내에게 전화를 했을 정도니, 당시 상황이 어땠는지 짐작할 수 있었다. 여러 차례 죄송하다는 말씀을 드렸다. 처음에는 사내아이의 거친 행동으로만 여겼는데, 주의 깊게 관찰하고 엄하게 훈육하기로 했다. 아이의 행동을 귀한 자식이라는 생각에 관대하게만 받아들이지 않았는지 반성했다. 그래서 마음을 단단히 먹고 원하는 것을 무조건 들어주지 않고 대가를 치르게 했다. 물론 왜 엄마 아빠가 자신이 원하는 것을 해줄 수 없는지에 대해 하나하나 설명해 주었더니 공격적인 성향이 차츰 줄어들었다.

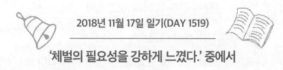

2018년 11월 17일 일기(DAY 1519)

'체벌의 필요성을 강하게 느꼈다.' 중에서

할머니 댁에 친구 분이 오셨다. 마침 머리를 깎기 위해 나오려던 차였다. 진서는 TV를 더 보겠다고 보챘다. 할머니가 달래고 아빠가 달래도 얼굴을 찡그리며 소리만 질렀다. 할머니 친구 분이 계신데도 무례한 행동은 이어졌다. 아무리 어린 나이라 해도 민망하기 그지없었다.

반 강제적으로 신발을 신기고 있는데 아빠 안경이 벗겨질 정도로 주먹이 날아왔다. 문을 나선 후 엉덩이를 두 차례 힘껏 때렸다. 감정을 실어 때렸다. 여기서 멈추지 않고 가장 아끼는 토끼인형을 바닥에 내동댕이쳤다. 울면서 인형을 줍기 위해 달려가려는 진서를 강제로 붙잡았다. 분을 참지 못하고 또 한 대 때렸다. 생각 같아서는 토끼 인형을 멀리 던져버리고 싶었다. 진짜로 버리면 아들과의 관계에 생채기가 날 수도 있었다. 꾹 참았다.

체벌 후에는 반드시 달래주는 과정이 필요하다고 해서 "아빠가 때려서 미안해." 하고 사과했다. 알아듣든 못 알아듣든 미용실에 가면서 버릇없는 행동에 대해 많은 이야기를 해주었다. "너무 말을 안 들어서 어쩔 수 없었어."라고 했더니, 눈물을 그치며 인형을 달라고 했다. 다음부터는 엄마, 아빠, 할머니 앞에서 절대 소리치지 않겠다는 다짐을 받고 건네주었다. 진서는 멋쩍은 웃음을 지었다. 미용실에는 사람이 많이 앉아서 대기해야 했다. 진서가 아빠를 보며 윙크하고 장난쳤다. 다행이다. 큰 상처를 받지 않은 듯하다.

얼마 전에는 선생님 얼굴에 침을 뱉는 행동을 했었다. 폭력성이 심해지고 있었다. 체벌도 필요하다고 느꼈다. 단 회초리나 물건은 사용하지 않고 손으로 엉덩이만 때리기로 했다. 미용실에 다녀온 그날 밤, 아빠는 잠든 진서를 한참 동안 바라보았다.

체벌이 필요하다고 느낀 후 4개월 넘게 때리지 않았다. 진서가 예의바른 행동만 해서 그런 건 아니었다. 아이와 함께 동네 산도 가고,

키즈카페도 가고, 탁구장에도 가며 친밀도를 높였다. 그러자 진서가 '아빠 최고' 소리를 하며 스스로 감정 컨트롤을 하기 시작했다. 나도 아들이 실수한 것인지 잘못한 것인지를 구별하며 훈육했다.

진서의 공격적인 성향을 잠재우는 데 1년 가까운 시간이 걸렸다. 타일러도 행동 변화가 없으면 잠시 거리와 시간을 두고 기다려주는 것이 효과적이었다. 높은 톤의 목소리로 호되게 꾸짖고 매를 든다 해도 금방 개선되지 않았다. 그 순간 잘못된 행동은 멈춘다 해도 아이의 감정은 몹시 다치게 된다. '아빠 미워' 소리만 나온다. 아빠도 고집을 부릴 때가 있는데 어린아이에게 참으라고만 할 수는 없다. 손바닥으로 엉덩이를 때렸을 때도 나의 감정을 다스리지 못해서 나온 결과였다. 나는 '이 정도 체벌은 괜찮겠지.'라는 생각을 버리기로 했다.

어린 시절부터 서른 살 때까지 나는 방에서 누워 있다가도 거실에서 아버지 목소리만 들리면 벌떡 일어나 앉곤 했다. 하루만 집 밖에서 자고 오거나, 반대로 아버지가 시골 큰형님 댁에서 주무시고 올 때에도 큰절을 올렸다. 집안 어른들은 내가 막내라 귀엽게만 자랐다고 했다. 매를 한 대도 맞지 않아서 그랬을 뿐 아버지는 너무 엄했다. 나는 엄하기만 한 아버지를 원망하기도 했다. 돌이켜보면 그 시대 아버지와 아들처럼 대화가 부족했을 뿐이다.

이제는 굳이 하룻밤을 한집에서 안 잤다고 아버지에게 큰절을 올리는 시대가 아니다. 오래전부터 꿈꿔왔던 대화하는 아버지상을 실천하고 싶다. 진서에게 대화하는 아빠가 되고 싶다. 그러기 위해서는 나의 감정부터 다스려야 한다.

8

다른 집 아빠들이
안 하는 것

우리 부부의 육아방식은 달라도 너무 달랐다. 동적인 아내와 정적인 내가 같을 수는 없었다. 차이가 크면 클수록 불만도 커졌다. 나는 휴일이면 집에서 쉬고 싶은데, 아내는 외출하기를 원했다. 유모차를 끌고 집 근처 백화점을 다녀와도, 대학 캠퍼스를 산책하고 와도 몇 시간은 소요되는데, 아내는 그 정도로는 성에 차지 않아 했다. 대공원이라도 다녀와야 부모 노릇한 기분이라고 했다. 또 여행을 통해 아이에게 견문을 넓혀주고 싶다고 했다. 뜻은 좋다. 그런데 여행은 여섯 살은 돼야 필요하다고 생각한다. 기억도 못 할 나이에 여행이 무슨 의미가 있을까? 아이의 견문을 넓혀준다는 핑계로 아내의 욕구만 충족시킨다고 생각했다.

진서가 53개월 되는 시점까지 꼬박꼬박 외출을 했다. 장대비가 쏟아지거나 한파가 몰아친 날, 또 아픈 날을 제외하고 휴일마다 아들을 데리고 나갔다. 하지만 지구대 순찰요원으로 교대근무를 하고 나서부터는 야간 출근 전이나 퇴근 후 잠을 자야만 했다. 이런 날이면 편하게 자라는 배려 차원에서 아내가 아들을 데리고 나갔다. 움직이면 다 돈이다. 그런 면에서 아내에게 불만을 품고 있었다.

'외출을 하더라도 돈이 안 들어가는 놀이를 해주거나, 집 안에서 책 읽어주고 그림 그리며 놀아줄 수 있을 텐데.'

영화도 집에 있는 TV로 보면 되는데 굳이 어린애를 데리고 극장에 가야 하는지 의문이었다. 책과 옷 등은 모두 물려받거나 선물로 받았기 때문에 갈등의 소지가 없었다. 장난감도 지자체에서 운영하는 곳에서 대여 받았다. 딱 한 번 장난감을 사줬다. 아들과 친밀감을 높이기 위해 부단히 노력하던 때였다. 그날 아들로부터 최고라는 말을 들었지만 아내의 핀잔도 같이 들었다.

2018년 11월 30일 일기(DAY 1532)

'진서에게 확실히 점수 딴 날' 중에서

미술학원 끝나는 시간에 맞춰 아빠가 데리러 갔다. 엄마가 안 왔다는 불만은 없었다. 진서는 '아빠 빨리 가자'만 되풀이 했다. 장난감도 사주고 책도 사주겠다고 약속했기 때문이다. 엄마는 한 번도 사준 적이 없다고 했다. 안 사준 건 아빠도 마찬가지였다. 장난감을 대여할 수 있으니 굳이 안 사준 것이다. 장난감을 사주려고 마음먹은 건 진서의 기분을 맞춰주고 싶어서였다. 그래야 더 친해질 수 있다고 생각했다.

할아버지 댁에서 저녁으로 진서가 좋아하는 탕수육을 먹고 백화점으로 향했다. 진서의 손을 꼭 잡고 장난감 코너를 돌아다니는 자체만으로 행복했다. 우리 부자는 싱글벙글 웃음기가 떠나지 않았다. 어느 순간 진서가 아빠의 손을 뿌리치고 이곳저곳을 다니기 시작했다.

"아빠, 이거 사줘."

"알았어."

"아빠, 저것도 사줘."

"그래, 그래. 원하는 거 세 개까지 사줄게. 천천히 골라 보자."

"아빠 최고! 저쪽으로 가보자. 빨리 와."

아빠와 단둘이 있는 시간에 이렇게 기뻐하는 표정은 처음이었다. 뿌듯함이 이루 말할 수 없었다. '이거 살래, 저거 살래' 하며 고른 것이 공룡 장난감, 아이언맨 장난감, 청소도구 장난감 이렇게 세 가지였다. 가격도 생각보다 비싸지 않았다. 두뇌 개발에 좋다는 체스까지 하나 더 샀다. 6층 장난감 코너에서 계산을 한 후 지하 1층 도서 코너로 내려갔다. 이미 엄마와 여러 번 와본 탓에 진서가 길 안내를 했다. 유아 도서 코너에서도 역시 공룡 관련 책을 골랐다. 양손 가득 선물을 들고 집까지 오는 동안 "아빠하고만 백화점 올 거야. 아빠 최고!"라는 말을 열 번도 더 들은 것 같다.

마침 오늘 엄마는 체대 동문들과 1박 2일 모임에 간 날이라 아빠와 둘이 자야 했다. 평소 같으면 엄마 자고 있으면 올 거니까 얼른 자라고 했을 것이다. 그런데 진서 기분이 최고조에 달해 있어 과감하게 엄마는 안 온다고 사실대로 말했다.

"음……. 엄마 안 온대?"

"어. 진서가 자고 일어나면 와 계실 거야, 빨리 자자."

"알았어. 아빠, 아이언맨 장난감 줘."

엄마가 안 온다고 해도 울지 않았다. 진서는 공룡과 아이언맨 장난감을 옆에 끼고 잤다. 나는 한 시간 넘게 쳐다보고만 있었다. 잠자는 진서 볼에 뽀뽀를 열 번 넘게 하면서.

아들에게는 확실히 점수를 땄지만 아내의 잔소리는 피할 수 없었다.

"체스는 지인 분이 주신다고 했는데, 물어보지 그랬어."

"진작 말을 하지."

"곧 크리스마스라 영어문화원에서 아이들 선물 보내달라고 할 텐데, 이렇게 많이 사주면 어떡해?"

"아! 12월인데 생각을 못 했네."

"공룡 책도 집에 있는 책들과 표지만 다르지 내용은 비슷하네. 왜 샀어?"

"몰랐어."

"평소에 책을 읽어주었으면 알았을 거 아냐."

생각해보니 구구절절 아내의 말이 옳았다. 새로 사준 장난감을 자랑하려고 할머니와 이모에게 전화 걸어 달라고 하며 좋아했지만 며칠 안 가서 아이언맨은 외팔이가 되었고, 공룡은 외다리가 되었다. 작은 방 청소에 달랑 한 번 쓰인 청소기 장난감은 어디 있는지조차 알 수 없게 되었다. 충분히 빌려서 놀 수 있는 장난감들이었다. 빌린 것을 잃어버리지 않기 위해 더 신경 써서 아이와 놀아 줄 수 있었다. 체스도 게임 룰에 관계없이 딱 한 번 했는데, 왕과 왕비는 실종됐다. 공룡 책도 아까웠다.

이런 일이 왜 벌어졌을까? 곰곰이 생각해봤다. 아내와의 대화가 부족했기 때문이었다. 아들이 읽고 싶어 하는 책은 무엇인지, 엄마는 어떤 책을 읽어주었는지, 장난감을 빌리러 가면 어떤 것을 좋아하는지, 금방 싫증내지 않는지 등을 평소 꾸준히 대화했더라면 좋았을 것이다. 모두 내 탓이었다.

어린이집에서 영어유치원 과정의 문화원으로 옮길 때도 아내가 하자는 대로 따라갔다. 정확히는 무관심했다고 표현하는 것이 맞다. 어린이집에서 유치원으로 옮기는 일이 어쩌면 아이들에겐 지진이 일어난 듯한 혼란을 줄 수도 있었다. 옮기는 것에 대한 효과를 예단할 수는 없지만, 장단점에 대해 충분히 대화하지 못한 것이 못내 아쉬웠다.

가장 큰 갈등은 여행 문제였다. 나는 '어린 나이에 여행가는 것이 효과가 있을까?'라는 의구심에 다니기를 꺼려했다. 핑계였다. 아마도 나의 성향으로 봐서는 아들이 커도 특별히 여행을 다니지 않을 것 같다. 아이들은 중학교만 가도 부모와 같이 다니는 것을 싫어한다고 한다. 다행히 엄마가 진서와 함께 여행을 다니고 있다. 나는 아빠가 할 일을 엄마가 대신하고 있다고 생각했다. 그렇게 생각하니 마음이 편했다. 아내와의 갈등도 줄었다.

그렇지만 나도 보통의 아빠들이 하지 않는 것을 하고 있다. 진서가 태어나고 100일 무렵부터 일기를 써주고 있다. 성장 과정에 대한 이야기부터 가족이 나눈 사랑 이야기, 그리고 아들에게 던지고 싶은 메시지까지 기록하고 있다. 진서가 초등학교 6학년이 될 때까지 쓰고 싶다. 졸업식날 선물로 주려고 한다. 아빠의 일기를 읽으면 아들도 깨닫는 바가 있을 것이다. 의도는 단 하나다. 청소년기에 탈선하지 말라는 뜻이다. 내가 책을 쓰고 있는 것도 같은 맥락이다. '설마 아빠가 이렇게까지 노력했는데 불량 청소년은 안 되겠지?' 하는 기대감에서 쓴다. 아내에게도 이런 취지를 말해주었다.

"일기를 꾸준히 쓰고 자식을 위해 책을 쓰면서 아빠의 사랑을 전해주고 싶어."

"잘했어. 꼭 성공해요."

"자식을 위해서 일기를 쓰고 책 쓰는 아빠들은 별로 없지? 그러니까 앞으로 '다른 집 아빠들은 다 한다'라는 말은 하지 말아줘."

★ ★ ★

chapter 5

내 소중한
아들에게

너를 사랑해준
분들을 기억하며

할아버지, 할머니

산후조리원에서 나와 아들을 데리고 부모님 댁에 가는 동안 '얼마나 기뻐하실까?' 생각했다. 자식을 낳은 것은 효도의 마침이자 새로운 시작이라 믿었다.

할아버지는 진서의 목에 방울모양의 금 목걸이를 채워준 뒤 손등에 입맞춤을 했다. 내가 태어나서 백일을 맞았을 때 해준 대로 똑같이 해준 것이다. 정말 보기 힘든, 흔히 볼 수 없는 다정다감한 모습이다. 진서와 함께일 때 아버지에게서는 당신의 자식들에게 보였던 엄한 모습은 어디에서도 찾아볼 수 없었다. 아버지는 맏손주부터 일곱 명의 손주를 보았다. 모두 사랑했지만 1931년생 그 시대 아버지들처럼 감정 표현은 하지 않았다. 거실에서 뛰어놀던 조카들에게 "시끄

럽다!" 소리치며 방문을 닫았던 아버지다. 하루는 진서가 넘어져서 얼굴에 상처가 났다. 진서도 울고 할아버지도 울었다. 눈물을 흘리는 할아버지는 나에게는 낯선 아버지였다.

진서에게는 한 번도 야단을 치지 않은 아버지는 진서가 태어난 지 2달 지나 의식을 잃고 쓰러졌다. 그리고 50개월 동안 침대에서만 생활하다가 돌아가셨다. 그때 아버지는 한없이 작고 초라해 보였다. 나 약함이 극에 달했을 때 아버지는 자식들 보고 싶다는 말씀은 한마디도 안 했다. 손주만 찾았다. "나는 손주가 둘이야." 하며 아들 손주인 장손과 막내 손주만 찾았다. 그 아이들을 부르며 눈물을 흘렸다.

아버지는 4년을 넘게 방 안에서 대소변을 보았다. 누구든지 냄새 나는 방 안에 오래 머물고 싶어 하지는 않는다. 진서도 그랬다. 나는 진서를 데리고 갈 때마다 할아버지 방의 TV만 틀어주었다. 진서에게는 미안했지만 아버지가 조금이라도 더 손주를 보게 할 의도였다. 할아버지는 계속 손주를 부르는데, 아들 녀석은 왔다갔다 오래 머물기를 꺼려했다. 이따금 짜증도 냈다.

아버지가 돌아가시기 열흘 전부터인가. 숨소리가 예사롭지 않았다. 그런데 그 와중에도 침대에 누운 채 만 원짜리 한 장을 들고 "진서 아이스크림 사줘."라고 했다. 진서를 이틀 전에 보고도 열흘 넘게 못 봤다고 하면서.

아버지가 정정했을 때는 손자, 손녀들과 편지를 종종 주고받았다. 진서에게는 두 번에 걸쳐 딱 한 줄씩의 편지를 썼다.

2015년 3월 1일
더 높이 더 멀리 보고 힘차게 달려라.

2015년 6월 13일
진서가 잘 아는 것을 보고 큰 기대를 갖는다.

기력이 없을 때 써서 삐뚤빼뚤 글씨였다. 아버지는 답장을 받지
못한 채 돌아가셨다.

진서가 할아버지 묘 앞에서 절을 올리며 한마디 했다.

"할아버지, 돌아가시지 마세요."

"진서야, 할아버지 돌아가시니까 기분이 어때?"

"안 좋아."

"살아 계실 때는 싫다고 했잖아."

진서는 아무 대답 없이 아빠만 쳐다봤다. 핸드폰 속 할아버지를 보
여주니까 가슴에 한 번 대보고 뽀뽀를 했다. 돌아오는 차 안에서 "할
아버지 빨리 오세요." 하며 생전 대화한 내용이나 악수하는 흉내를
냈다. 52개월 된 어린아이도 자신을 사랑해준 사람을 안다. 못 보면
그리워진다는 사실을 깨닫게 된다. 이것이 사랑이다.

진서야, 이 마음 변하지 마라.

진서가 태어났을 때 어머니는 신생아실에서 첫 면회를 한 후 조리
원에 있는 방까지 뛰어왔다. "다리가 하나도 안 아프네." 하며 웃었
다. 말하면서도 스스로 놀랐다. 나도 놀랐다. 평소 허리와 무릎이 안

좋아서 늘 물리치료를 받는 분이 맞나 싶을 정도였다.

　어머니는 여든 전후의 나이에 불편한 몸으로 밤낮을 가리지 않고 아버지의 대소변을 받아냈다. 그런 어머니는 엄지손가락을 빼고는 모든 손가락의 끝마디가 선명하게 휘어 있다. 힘든 세월을 진서로 인해 버텨냈다고 해도 과언이 아니다. 어머니는 아무리 힘들어도 진서만 보면 힘이 난다고 했다. 한겨울 수박이 먹고 싶은 손주를 위해 허리가 끊어질 것 같다고 하면서도 재래시장에서 무거운 수박을 사들고 왔다. 같이 밥을 먹으려고 식사시간에 맞춰 가도 손주 밥을 든든히 먹이는 재미로, '할머니'의 의무감으로 식사도 안 한 채 밥을 다 먹여주었다. 굶는 날이 더 많았다. 옛말 그대로 "새끼들 먹는 것만 봐도 배부르다."라고 했다. 어머니는 진서의 작은 행동 하나하나에 늘 감동하며 대견해 했다.

 2016년 8월 27일 일기(DAY 698)

'어린이집 등원 길에서' 중에서

아침 8시 10분. 어린이집 등원 시간이다. 어린이집은 할머니 댁 아파트 단지 안에 있다. 어린이집은 1층, 할머니 댁은 5층이다. 할머니는 매일 아침마다 아파트 5층 복도에서 1층 주차장을 내려다본다. 60m 공간 사이에서 할머니와 진서는 서로 손을 흔들며 웃는다. 이 광경은 말로 표현할 수 없을 정도로 흐뭇하다. 할머니는 좋아하는 아침드라마도 안 보시며 행여나 진서가 일찍 올까 봐 8시

전부터 기다리신다. 10여 분 기다리시고 10초를 보신다.

2017년 3월 19일 일기(DAY 902)

'오늘 죽어도 여한이 없다' 중에서

토요일인 어제 엄마 아빠는 둘 다 근무가 있었다. 진서는 하루 종일 할머니 집에서 놀았다. 할머니를 귀찮게 해드렸는데, 할머니는 더 좋아하셨다.

"할머니, 여기 앉아. 나하고 놀아."

"과자주세요."

할머니를 움직이게 할 때마다 할머니는 행복해하셨단다.

집에 갈 시간, 엄마만 할아버지 방에 들어가 인사하고 나오자 진서는 대성통곡했다. 진서도 들어가 할아버지와 악수하고 예의바른 자세로 인사하고 나왔다. 문을 나서는 손주를 배웅하기 위해 할머니도 나오셨다. 진서는 "안 돼, 안 돼. 추워, 추워." 하며 손으로 가슴을 치는 행동을 했다. 이 모습을 보시고 할아버지께서 한마디 하셨다.

"진서는 씩씩하고 예의도 바르니, 오늘 죽어도 여한이 없다."

어머니는 젊었을 때부터 절에 다녔다. 100일 기도 새벽 기도도 많이 했는데 진서가 태어나서부터는 몸이 불편해서 절에 자주 못 간다. 대신 아무리 힘들어도 매일 새벽 손주를 위해 집에서 기도를 올린다. 그 고마움을 영원히 간직하려 한다.

2018년 1월 10일 : 할머니의 편지

하루도 못 보면 보고 싶은 우리 손자 김진서. 너는 할아버지, 할머니 손자이면서 우리 집 화초다. 2014년 10월 5일 오후 5시 17분에 건강한 진서가 태어났다는 아빠의 전화를 받는 순간 할머니 몸이 하나도 아프지 않았다. 빨리 가서 보고 싶었다. 그날이 엊그제 같은데 벌써 다섯 살이 되었네. 무럭무럭 건강하게 잘 자라라. 엄마 아빠 말씀 잘 듣고 무병장수해라. 할아버지, 아빠처럼 경찰이 되든지 엄마처럼 학교 선생님이 되어라. 그때는 할아버지, 할머니는 진서를 못 보겠지만 하늘나라에서도 열심히 기도해 줄게. 열심히 공부해서 기대에 어긋나지 않는 아들이 되어라.

외할아버지, 외할머니 그리고 이모

외할아버지, 외할머니에게는 친손주가 있었다. 하지만 안타깝게도 어려서 희귀병을 앓다 죽어서 외손주인 진서가 유일한 손주다. 귀하고 귀여운 것은 말할 것도 없지만 무뚝뚝한 외할아버지는 표현은 안 한다. 그저 대견하게 여기며 허허 웃기만 한다. 간암 수술을 받은 뒤 주기적으로 검진을 받고 있는 외할머니는 여느 외할머니들의 사랑에 비해 부족함이 없게 사랑을 쏟는다.

2015년 8월 28일 일기(DAY 327)

'외할머니의 진서 자랑' 중에서

외할머니는 진서를 엎고 동네 산책도 다니시고 유모차로 마트도 다니신다. 때론 집 앞에서 진서를 안고 한참 동안 서 계신다. 은근히 아는 사람을 길에서 만나길 바라시는 것 같다. 누군가 인사차 "손주가 장군이네. 잘생겼다"라는 말씀을 건네면, 진지하게 "힘이 아주 세요. 말귀도 다 알아듣고, 엄마 없다고 보채지도 않아요." 하며 자랑하신다. 어떤 분들은 진서에게 잘생기고 예쁘다며 배우 시키라고 하셨단다. 마치 지나가는 모든 사람들이 말을 걸어주고 알아봐주길 바라시는 모습이다. 엄마 아빠가 퇴근하기 무섭게 외할머니는 낮에 있었던 이야기를 해주시며 또 자랑을 하신다. 끝이 없다.

2016년 6월 14일 일기(DAY 624)

'화요일마다 청소를 하러 오시는 외할머니' 중에서

외할머니는 일주일에 서너 번씩 새벽에 일어나셔서 지하철과 버스를 갈아타고 오셔서 진서를 돌봐주셨다. 진서가 어린이집에 다닌 후부터는 잘 오시지 않았다. 최근엔 엄마 아빠가 바쁘고 피곤할까봐 청소를 해주신다며 매주 화요일마다 오신다. 10시까지 진서를 돌보시다 어린이집에 데려다 주시고, 오후 3시도 안 된 시간에 데리러 가신다. 그 사이 청소를 하신다.

집으로 오는 길에 마트에 들러서 진서가 먹고 싶어 하는 과자와 아이스크림을 사주시고, 놀이터에서 한참 동안 있다가 오시곤 한다. 엄마와 아빠가 퇴근하고 집에 오면, 진서와 놀이터 간 이야기, 과자 고른 이야기, 이발시켜준 이야기 등을 들려주신다. 청소도 해주시지만 진서를 보기 위해 오시는 것 같다. 내일은 한의원에 가시기 위해 오신단다. 외할머니 집 근처에도 한의원이 많을 텐데 또 진서가 보고 싶으신가 보다.

 2016년 11월 18일 일기(DAY 781)

'내가 돈 쓸 데가 진서밖에 더 있나' 중에서

엄마 아빠가 일찍 출근하는 날이라 외할머니께서 오셨다. 낮에 고생하셨다고 전화 드렸더니, 어린이집 가는 길에 편의점에 들러 진서가 이것저것 사달라고 조른 이야기를 해주셨다. 기분 맞춰주시느라 장난감 시계와 과자도 사주시면서 데려다주셨단다. 장난감 시계를 고르며 즐거워하는 진서 표정도 설명해주시면서 웃으셨다. 옷도 사주시고, 학습지 수강료도 주시고, 장난감도 사주시고……. 돈을 너무 많이 쓰셨다고 말씀드렸더니, "내가 돈을 쓸 데가 진서밖에 더 있나?" 하신다.

외할머니는 운동화도 사주라고 10만 원을 또 주셨다.

이모도 엄마였다. 이모는 박사과정을 마친 고학력자이면서 결혼을 안 했다. 만나는 사람도 없다. 대개 이모들이 조카에 대한 사랑이 대단하다고 한다. 진서의 이모도 조카에 대한 사랑이 끝이 없다.

2019년 3월 3일: 이모의 편지

2014년 10월 우리 집 조카로 태어난 날이 기억난다. 온 가족이 엄마의 순산과 진서가 건강하게 태어나주길 간절히 바라면서 병원으로 달려갔다. 우렁찬 울음소리는 세상에 "나 여기 있어요." 하는 알림이었다.

진서가 목을 들고 기어다니고, 소파를 잡고 일어나는 순간마다 감격해했다. 지금은 안 계시지만 진서의 외증조할머니와 같이 살 때가 있었단다. 한 집에 4대가 같이 지냈는데, 진서는 그야말로 삶의 원동력이었다. 진서의 몸짓, 손짓, 얼굴 표정 하나하나에 웃음과 박수가 끊이지 않았단다.

이모도 진서 덕분에 추억을 쌓아가고 있다. 이모가 대학원에 다닐 때 출근하는 엄마를 대신해서 백화점 안에 있는 문화센터에 다녔지. 매번 수업이 끝나면 아래층에 있는 타요카페에 가서 과일주스를 마시고, 장난감 놀이를 하며 뛰어놀았단다. 이모도 동심으로 돌아간 기분이었어. 가끔은 이모 제자들과 같이 체육관에서 뛰어다니고 공놀이하면서 놀기도 했어. 지금도 누나들은 진서를 보고 싶어 하고, 만날 때마다 얼마큼 컸는지 물어본단다. 사진을 보여주면 "이렇게 컸어요?" 하고 놀란단다.

2016년 이모가 참가하는 농구대회에 진서가 응원을 온 적이 있다. 학창 시절을 보낸 곳에서 경기를 했지. 그때 안아달라고 보채는 진서를 안고 있는 바람에 팔이 아파서 슛이 잘 안 들어갔다. 그래도 추억이 있는 곳에서 진서와 함께 있다는 것 자체가 기분 좋았어. 마치 덩크슛을 하는 기분이었다.

진서가 여섯 살이 되니까 의사표현도 잘하고 귀여움도 늘었지. 아이스크림을 먹었는데도 안 먹었다며 애교도 부린다. 장난꾸러기 같은 거짓말도 사랑스럽다. 잘 먹으면서 건강하게 자라줬으면 좋겠다. 많은 견문도 넓혀가길 바란다. 늘 이모가 지지자가 되어줄게.

이모는 계절이 바뀔 때마다 새 옷을 사주고, 아빠를 대신해서 여행도 데리고 다녀왔다. 아낌없는 사랑을 조카에게 주었다. 언제까지 이모가 엄마 같은 역할을 해줄지 모르겠지만, 진서가 성장해 결혼을 해서도 이모를 늘 엄마처럼 생각하고 효를 다하기를 바란다.

아들과 아빠를 이어주는 스킨십

동물을 대상으로 어미와 새끼 사이의 스킨십을 통해 정서적 안정을 연구한 사례들이 있다. 그 사례들에서는 신체 접촉의 중요성을 강조한다. 안정감 같은 정서적 측면과 지능 발달에도 스킨십이 도움이 된다고 한다. 부모 자식 간도 마찬가지다.

'저 녀석하고 언제까지 뽀뽀를 할 수 있을까?'

진서가 점점 커가는 것이 안타까웠다. 너무 큰 애와 뽀뽀하는 것도 징그럽게 보일 수 있었다. 아직 '크지 않은' 진서에게 얼굴을 가까이 가져다댔다. 역시나 뽀뽀를 해주었다.

언젠가 집에 돌아오는 길이었다. "진서 아빠다!" 하는 아이들의 외침이 들렸다. 이윽고 한 무리의 아이들이 달려와 인사를 건넸다. 위층에 사는 아이들이다. 남자아이는 진서보다 두 살이 많고 여자아이는 동갑이다. 나는 그 아이들에게 용돈이나 선물을 준 적도 없다. 그런데 이 아이들은 나를 언제, 어디서 보든 간에 늘 싱글벙글한다. 이 아이들에겐 아빠가 없다. 사고로 돌아가셨다. 그래서 나를 보면 더 친근하게 다가오는 것 같다. "아저씨, 도둑놈 많이 잡았어요?"라고 묻기도 하면서.

아들 녀석은 먼저 뽀뽀를 해주지 않는다. 기분 좋을 때 해달라고 하면 간혹 해준다. 퇴근 후 집에 온 아빠를 보고도 딴짓 할 때가 많다. 하루는 '놀아준 적이 별로 없어서 그런가?'라고 생각해 보았다.

물론 뽀뽀가 스킨십의 전부는 아니다. 아빠와 아들이 같이 목욕을 하면 최고의 스킨십이 된다. 나는 그걸 잘 알면서도 성격상 목욕탕 자체를 안 간다. 탕 안에서의 답답함이 싫고, 오고가는 시간도 아깝다. 집에서 매일 샤워를 하지만 아들과 함께하지는 않는다. 빨리 끝내고 쉬려는 마음에 얼른 아들만 씻긴다. 진서가 같이 하자고 해도 안 한다. 반면 아내와 장모님은 진서를 목욕탕에 자주 데려간다. 한 번 가면 몇 시간 하고 온다. 그런데 진서가 여섯 살이 되니까 키가 또래보다 커서 일단 목욕탕 입구에서 제지를 당한다. 머지않아 따로 가게 생겼다. 그때는 어쩔 수 없이 내가 데려가야 한다.

나는 목욕을 대신한 스킨십을 하려고 노력한다. 안아주고, 목마 태우고, 공놀이를 해주는 것도 스킨십이라 생각한다. 결국 놀아주는 시간을 늘려야 한다.

'진서의 부탁을 애써 외면했다' 중에서

저녁 무렵 진서가 길거리에서 아빠를 보고 "아빠, 아빠!" 소리치며 다가왔다. 저녁 약속이 있어서 돌아서는 아빠를 쳐다보며 엉엉 울었다. 연신 손짓으로 아빠를 오라고 했다. 그 손짓은 진서를 한참 쳐다보게 만들었다. 가는 길 멈추어 서게 만들었다. 아빠는 다시 돌아와 손을 잡았다. 그러나 결국엔 같이 있고 싶다는 애처로운 표정을 뒤로 하고 약속시간에 맞춰 갔다. 저녁 먹는 내내 진서가 생각났다.

집에 돌아온 뒤 담배 한 대 피우기 위해 잠깐 나가려고 하니, 진서가 "안 돼, 안 돼!" 하며 바닥에 엎드려 울었다. 문을 닫으면서 살짝 보았다. 실망한 표정을 계속 짓고 있었다.

하루는 저녁 술 약속이 있어서 집에 차를 놓고 곧장 나가려고 하는데, 진서가 다가왔다.

"아빠, 어디가? 가지 마. 나하고 놀아."

놀아주고 싶었지만 중요한 약속이라 안 갈 수가 없었다. 진서를 또 외면했다. 사회생활에서 이해관계가 얽힌 술자리였지만 꼭 필요한 자리라 생각했다. 결국 그날의 술자리는 아무런 소득도 없이 허무하게 끝났다. 술값만 십이만 원 지불했다. 나는 뒤늦게 그날의 진서 표정을 생각하며 후회했다. 앞으로는 진서와 많은 시간을 보내야겠

스킨십의 정점은
대화라는 것을 느꼈다.
오늘날 부자유친의 실천은
대화로부터 시작된다고 생각한다.

다고 다짐했다. 그 후 불필요한 술자리를 확 줄였다. 덕분에 아들과
보내는 시간이 조금씩 늘어가기 시작했다. 돌이켜보면 그렇게 중요
한 약속도 아니었다. 아들을 외면하고 대가를 치른 후 깨달은 것이다.

　같이 있는 시간이 늘다 보니 대화하는 시간도 늘었다. 아들이 좋
아하는 것이 무엇인지, 아빠에게 원하는 것이 무엇인지 대화를 통해
알아가게 되었다. TV 만화 보기도 그중 한 가지다. 나는 어린이들
이 보는 TV 만화는 다 똑같은 줄 알았다. 그런데 미취학 아동이 보
기엔 다소 폭력적인 내용도 있었다. 그래서 같이 시청을 하면서 설
명을 해주었다. 또한 TV 만화만 틀어주고 방치시키지 않았다. 만화
주인공 이야기를 하며 함께 깔깔거리곤 했다. 스킨십의 정점은 대화
라는 것을 느꼈다.

오늘날 부자유친父子有親의 실천은 대화로부터 시작된다고 생각한다. 늘 대화하며 지내자.

3

4번 타자가
아니더라도 너의
선택을 존중한다

초등학교 5학년 때부터 체력장 측정을 했다. 나는 턱걸이를 못했지만 던지기만큼은 같은 학년에서 제일 잘했다. 고등학교 때까지도 던지기는 1등이었다.

6학년 때는 운동을 잘했던 젊은 선생님이 야구를 해보라고 권유했다. 체격도 선동열 스타일이라 잘할 수 있을 거라며 자신감을 북돋아주었다. 사실 초등학교 입학 전부터 야구를 너무 좋아해서 거울을 보며 타격 폼을 잡곤 했었다. 마침 인근에 있는 중학교에 야구부가 생겼다. 선생님은 야구부로 입학하는 것을 알아봐준다고 했다. 나는 어머니에게 야구를 시켜달라고 떼쓰기 시작했다.

"엄마, 선생님이 야구선수 하래."

"야구?"

"응. 나보고 선동열이래."

"안 돼. 우리 아들 판사 될 거야."

"판사? 그게 뭐야?"

"훌륭한 사람이야."

"선동열도 훌륭해."

"그래도 운동은 안 돼."

어머니는 단호했다. 며칠 떼를 쓰다 포기했다. 판사가 뭐 하는 사람인지 구체적으로 알지도 못한 채 야구선수를 권유했던 선생님에게 말했다.

"우리 엄마가 판사하래요."

선생님은 크게 웃었다.

"정 야구가 하고 싶으면 선생님이 직접 너희 부모님을 만나볼게. 공부 열심히 해라."

당시 어머니는 공부는 편하게 책상에 앉아 하는 것이고, 운동은 야외에서 땀 흘려가며 고생하는 것이라고 생각했다. 공부는, 조금 못해도 고등학교만 졸업하면 밥 먹고 사는 데 지장이 없으나, 운동은, 대학을 나와도 잘 안 풀리면 먹고살기 힘들다고 생각했다. 무리는 아니다. 그 시절은 엘리트 체육 육성이 국가 정책이기도 했던 때라 운동부는 수업을 거의 안 하고 운동만 했다.

다시 태어나면 꼭 야구선수가 되고 싶다. 다시 태어나지 않더라도 초등학교 6학년 시절로 돌아간다면 야구를 하고 싶다.

나는 진서가 야구선수가 되길 바란다. 야구가 아니더라도 운동선수가 되면 좋겠다. 운동선수 출신인 엄마와 운동을 잘했던 아빠가 적극 밀어주고 싶다. 이모도 농구선수 출신이라 잘 지도해줄 것이다. 두 돌 무렵 진서가 왼손을 자주 사용하는 것 같아 어린이집에서 오른손으로 교정해 주고 있다는 말을 들었다. 우리 부부는 운동을 시킬 거니까 왼손잡이도 괜찮다고 했다.

진서는 아직 야구를 할 수 있는 나이가 아니라서 축구교실에만 다닌다. 가끔은 이모와 함께 체육관에 가서 농구도 한다. 축구는 슛보다 막는 것이 좋다며 골키퍼를 한다. 지기 싫어하는 모습도 운동선수 같다.

 2019년 3월 3일 일기(DAY 1626)

'승부욕이 대단하다' 중에서

인성이 아빠가 집 근처 대학 운동장에 가서 축구를 하자고 했다. 진서 친구 인성이, 초등학교에 입학하는 우성이 형과 갔다. 패스 몇 번 하고 오려고 했다. 운동장엔 초등학교 4학년, 5학년 형들이 꽤 있었다. 즉석에서 팀을 만들어 시합을 했다. 형들은 인정사정없이 뻥뻥 공을 찼다. 나는 진서 얼굴에 맞을까 불안해하며 진서 근처에 있었다. 그런데 인성이 아빠는 수십 미터 드리블을 해서 골을 넣었다. 애들하고 한다고 설렁설렁 하지 않았다. 아마 아들에게 잘하는 모습을 보여주려 했나 보다. 정작 인성이는 축구에 대한 규칙을 몰라 손으로 잡았다 놓았다를 반복하다가 축구는 안 하고 자전거만 탔다.

진서는 달랐다. 골대 뒤에서 물을 마시는 아빠에게 달려와서는 이렇게 말했다.

"아빠, 나 꼭 이기고 싶어. 내가 다 막을 거야."

결연한 표정을 지으며 골키퍼 자리에 섰다.

"아빠 축구 잘하지? 골 넣고 와. 난 여기 있을게."

진서가 다칠까 봐 옆에서 구경만 하고 있었는데, 진서가 등을 떠미니 할 수 없이 공격을 하러 나갔다. 오랜만에 뛰니까 어지럽기까지 했다. 뛰다 걷다 했다. 내가 게으름을 부려서인지 경기에도 졌다. 진서에게 원망을 살 줄 알았는데, 다행히 진서는 경기 결과보다 자전거에 관심이 가 있었다.

인성이는 자전거를 아주 잘 탔다. 속도도 빨랐고 방향전환도 자유로웠다. 진서는 1m, 2m를 가는 데도 한참 걸렸다. 누가 봐도 진서가 못 타는데, 엄마에게는 인성이보다 더 잘 탄다고 우겼다. 이번에는 농구를 하는 우성이 형 옆으로 왔다. 엉성한 폼으로 골을 넣고 환호하는 우성이 형을 보고 "나도 골 넣을 수 있어." 하며 공을 달라고 했다. 농구는 이모와 몇 번 해봐서 그런지 폼은 그럴 듯했지만 성인 골대에 골을 넣기에는 역부족이었다.

낮에 3시간 정도 뛰어놀아서 일찍 잠들 줄 알았다. 그런데 저녁을 먹고 나더니 옥상에 올라가서 자전거를 탄다고 했다. 지난해에는 자전거 페달에 발이 닿지 않았지만 이제 탈 수 있는 키가 되었다. 진서는 옥상에 불을 켜놓고 늦게까지 맹훈련을 했다. 겉으로는 인성이보다 잘 탄다고 우겼지만 실은 그렇지 않다는 것을 본인도 아는 모양이었다. 이런 승부욕으로 멋진 운동선수가 되어주길 고대해 본다.

진서가 야구선수가 되어 박찬호나 류현진처럼 LA다저스에서 야구하는 상상을 해본다. 아들 덕분에 LA에서 살아보는 꿈도 꿔본다. 아들이 뛰는 경기를 보고 있으면 가슴이 벅찰 듯하다. 물론 야구선수가 안 되어도, 운동선수가 안 되어도 괜찮다.

요즘은 대학을 꼭 나와야 하는 시대는 아닌 것 같다. 의사나 약사, 교사처럼 대학 졸업장이 꼭 있어야만 할 수 있는 직업이 아니라면 고등학교만 나와도 괜찮다. 공부에 뜻이 있다면 나이 들어서도 방송대나 사이버대학에 진학해서 공부할 수 있다. 국영수 과목부터 예체능 과목까지 모든 과목을 다 잘할 필요는 없다. 적성과 능력에 맞게 공부하면 된다. 나는 아들이 선택하는 길을 믿고 지지해주고 싶다.

배려와 긍정으로
세상을 만나라

세상은 빠른 속도로 변하고 있다. 제4차 산업혁명 시대라고 한다. 아빠는 과학기술 분야의 지식이 턱없이 부족하다. 인증서를 이용해 컴퓨터나 스마트폰을 사용할 때는 두려움이 앞선다. 아직도 우편이나 직접 방문이 편할 때가 있다. 별명도 'IT계의 어르신'이다. 최소한의 디지털 능력으로 살아가고 있다. 진서가 만날 세상은 지금과는 비교할 수 없을 만큼 발전한 디지털 혁명의 시대에 살아갈 것이다. 로봇기술의 급격한 발전도 아빠로서는 혼란스럽다.

진서가 아빠를 닮으면 안 되는데 걱정이다. 네 살까지는 소방관이 되고 싶다고 했다. 다섯 살부터는 경찰관이 되고 싶다고 했다. 그 나이 남자아이들이 한 번쯤은 갖는 장래희망이다. 진서의 미래를 생각하며 도움이 될 만한 것들을 배울 수 있는 기회를 제공해주고 싶다. 운동선수가 되지 않더라도 잘하는 운동이 있었으면 좋겠다. 친구들과 활기차게 운동하면 교우 관계도 넓히고 스트레스도 풀 수 있다. 특히 축구나 농구 같은 구기운동은 협동과 배려하는 마음도 기를 수 있다. 태권도 같은 종목은 자신을 지키는 단련 외에 상대에 대한 예의범절도 배울 수 있다. 학교폭력 예방에도 도움이 된다고 해서 체육 시간이 늘어난 걸 보면 효과가 좋을 것 같다.

　진서가 악보도 모르는 걸 보면 음악에는 소질이 없나 보다. 어려서 할아버지한테 "사내아이가 무슨 피아노를 배우냐? 당장 그만둬라."라는 말을 들은 것도 영향을 받은 것 같다. 핑계지만 나는 엄한 아버지의 말씀을 그대로 따를 수밖에 없었다. 여하튼 진서에겐 다양한 경험을 통해 세상을 살아가는 법을 터득하게 해주고 싶다. 야구선수가 되어 주길 바라면 야구장에 많이 데리고 가면 된다. 야구용품도 사주고 같이 야구를 하면 된다. 국민타자 이승엽도 야구장 다니며 꿈을 키웠다고 한다. 진서가 무엇을 꿈꾸고 있는지 관심을 갖고, 진서가 용기와 자신감으로 도전할 수 있도록 도와주면 된다. 늘 아들의 눈높이에서 대화하며 바라볼 것이다. 아들아, 긍정적인 자세를 가져라!

2018년 10월 26일: 아빠의 편지

유치원에서 10월생 생일잔치가 있는 날이다. 진서는 한복을 멋지게 입고 갔다. 선생님께 진서에게 읽어 달라고 편지를 보내드렸다. 어제 진서에게 무슨 내용을 써 줄까 물어보니까 유치원에 잘 다닌다고 써달란다. 기특하다. 나는 첫 문장에 유치원에 잘 다녀줘서 고맙다고 썼다. 다음은 아빠의 희망사항을 적었다. 영어 공부를 시작하고 가장 많이 하는 말이 NO인데 앞으로는 YES를 많이 말하라고 썼다.

엄마, 아빠 앞에서도 YES, 선생님 앞에서도 YES, 친구들 앞에서도 YES를 하는 어린이가 되었으면 한다. 성장하면서 긍정적인 시각으로 세상을 바라봐 주길 기대한다.

진서가 배려심이 많은 사람이 되어주길 바란다. 사랑, 용서, 나눔, 화해와 더불어 배려는 가장 아름다운 단어이다. 인간사 갈등은 배려의 부족에서부터 시작된다. 진서가 배려하는 삶을 익히며 이 세상을 만나기를 기대한다.

2017년 4월 20일 일기(DAY 934)

'양보와 배려를 배우고 있다' 중에서

진서는 '내 것'에 대한 애착이 강했다. 친구들이 진서 장난감을 쳐다만 봐도 싫은 표정을 짓고, 행여 같이 갖고 놀려고 해도 공격적 성향을 보였다. 욕심쟁이가 될까 봐 어린이집 선생님께 "배려심 많은 아이로 성장할 수 있도록 지도 부탁드립니다."라고 간곡히 말씀 드렸다. 그 후 선생님께서 써주신 알림장을 보았다. 얼마 전 욕심을 부려 친구들과 싸웠던 진서는 완전히 다른 아이가 되어 있었다.

4. 19일 알림장 내용

자동차를 두 개 가지고 있던 진서가 친구가 갖고 싶어 하는 장난감을 양보해줬어요. 진서가 먼저 가지고 놀았기 때문에 굳이 양보할 필요는 없었는데 자발적으로 양보해줬어요. 친구도 고마워하며 가지고 있던 놀잇감을 진서에게 건네주고 훈훈하게 놀았답니다.

4. 20일 알림장 내용

진서가 마음에 들어 하는 장난감 차를 차례를 기다려서 갖게 되었어요. 얼마 지나지 않아 친구가 갖고 싶다고 했습니다. 진서가 갖고 논 후 다음 차례에 할 수 있다고 설명하고 있는데, 진서가 망

설임 없이 친구에게 양보해줘서 칭찬해주었습니다.

그 어떤 알림장 내용보다도 듣고 싶은 이야기였다. 대견했다. 선생님에게 감사드린다는 답장과 앞으로도 잘 지도 부탁드린다는 당부의 말씀을 남겼다.

2018년 12월 11일 일기(DAY 1544)
'배려심으로 한 단계 성숙했다' 중에서

"아빠, 카드놀이 하자."

터닝메카드 카드이다. 놀이를 위한 카드인지는 모르겠지만 별이 그려져 있다. 별이 10개까지 그려진 것도 있는데, 없는 것도 있다. 늘 진서가 이긴다. 각자 카드를 빼서 비교하는 방식인데, 때론 별이 많은 사람이, 때론 별이 적은 사람이 이긴다. 그때그때 진서가 들고 있는 카드에 따라서 진서가 승패를 결정한다. 매번 아빠가 지기 때문에 안 한다고 했다. 이미 감정카드 놀이와 한글 맞추기 놀이로 2시간 이상 놀아서 지쳐 있기도 했다. 하지만 계속 조르는 모습이 애처로워 해줬다. 별이 많은 사람이 이기기로 했다.

이번에도 아빠가 매번 졌다. 진서는 미리 별이 많은 카드를 골라 손에 쥐고 있었기 때문이다. 슬슬 아빠의 눈치를 보더니 "이제부터 별이 적은 사람이 이기는 거야" 한다. 본인만 이기는 것이 미

204

살아가다 보면 실패와 좌절을 맛보게 된다.
시련이 오더라도 도전을 멈추지 마라.
성공과 실패를 저울질만 하는 것은 용기 없는 사람들의 행동이다.

안했는지, 아니면 아빠가 안 한다고 할까봐 두려워서 그랬는지 져주기를 시도했다. 엎드려 절 받기로 아빠가 이겼다. 진서는 눈이 커지더니 아빠가 이겼다며 좋아했다. 연속해서 다섯 번을 져주었다. 진서의 배려라 생각하고 싶다. 져주면서 배려하는 세상을 살아가길 바란다.

아무리 과학기술의 발전으로 세상이 급변한다 해도 꼭 지켰으면 하는 것이 있다. 좋아하는 운동을 취미삼아 오랫동안 했으면 좋겠다. 운동을 통해 사람들과 좋은 유대관계를 맺어라.

긍정적인 생각은 힘듦을 지탱하는 힘이 되어줄 것이다. 2018년 프로야구 우승팀인 SK 와이번스의 힐만 감독은 이임사에서 이렇게 말했다.

"나는 매일 맺는 관계를 가장 중요하게 생각한다. 그리고 매일 웃어라. 지금 힘들다고 느낄지라도 이것은 신이 나를 더욱 강하게 하기 위해서 준 시간이라고 생각하라."

모든 전문가와 언론이 압도적으로 정규 시즌 1위를 차지한 두산 베어스의 우세를 예상했음에도 SK가 이길 수 있었던 힘은 바로 이것이 아니었을까 싶다. 매일 웃으면서 쌓은 긍정적 마인드가 SK 선수들에게 자신감을 불러일으킨 것 같다.

살아가다 보면 실패와 좌절을 맛보게 된다. 시련이 오더라도 도전을 멈추지 마라. 성공과 실패를 저울질만 하는 것은 용기 없는 사람들의 행동이다. 자신감과 용기를 잃지 말자. 긍정적인 생각에 배려하는 마음을 갖는다면 아름다운 세상을 맞이할 것이라 확신한다.

5

소중한 추억

아빠가 되어가는 시간 속에서 수시로 어린 시절의 나를 만났다. 아들을 데리고 태권도장 체험을 갔을 때도, 미술학원 다니는 모습을 보았을 때도, 엄마 아빠에게 떼쓰는 모습을 보았을 때도 나의 어린 모습이 떠올랐다. 그리고 그 옆엔 항상 부모님이 있었다.

아들이 처음으로 그려준 스케치북 속 아빠의 얼굴은 눈이 턱에 있고 코가 이마에 있다. 외계인을 그려놓고 진지하게 설명하는 아들을 보며 한참을 깔깔 웃었다. 그러다 문득 나의 아버지가 생각났다. 진서와 대화를 하고 있을 땐 마치 어린 시절 아버지와 대화를 나누는 기분이 들었다. 진서를 통해 엄하게만 느꼈던 나의 아버지에 대한 감정들이 아름답게만 다가왔다.

여섯 살 때 당일치기로 다녀온 경기도 여주의 세종대왕릉. 그날의 여행은 아버지와 함께한 딱 한 번의 여행이다. 여행이라고 말하기엔 다소 부족한 면이 있지만 아버지와 손잡고 찍은 유일한 사진 한 장이 남아 있기에 소중하다. 40년 만에 같은 장소에서 같은 포즈로 진서와 함께 사진을 찍었다. 덕분에 세종대왕릉은 평생 잊지 못할, 의미 있는 여행지가 되었다.

부모님이 부부 싸움을 하면 매번 어머니가 졌다고 생각했다. 어머니가 유일하게 이겼던 적은 유치원 졸업사진 찍으러 갔던 날이다. 그날 찍은 사진은 아버지, 어머니 그리고 내가 함께 찍은 유일한 사진이다. 당시 나눈 대화까지 기억이 생생하다. 그 사진도, 그날의 일도 평생 간직할 소중한 추억이다. 진서에게도 소중한 추억들을 많이 만들어줘야겠다. 훗날 아빠에 대한 감정들이 아름답게 다가올 수 있도록.

지난날 부끄러운 모습들도 종종 생각난다. 나는 어머니가 나를 위해 먹고 싶은 음식 안 드실 때마다 짜증을 냈다. 부탁도 안 했는데 맛있는 음식을 싸서 집에 갖고 오시면 화까지 내며 마음을 아프게 했다.

아빠가 된 나는 아들이 좋아하는 반찬을 보면 나도 모르게 아들이 배불리 먹는 모습을 상상한다. 어머니의 마음이 꼭 이랬을 텐데, 왜 헤아리려고 하지 않았을까?

하루는 어느 행사장에 갔다가 바나나가 많이 남아 있어서 싸달라고 했다. 집에 가니 아내가 수북한 바나나를 보고 한마디 했다.

"뭔 바나나를 이렇게 많이 갖고 왔어?"

"진서가 좋아하잖아."

"그래도 그렇지. 한 달 내내 바나나만 먹일 거야?"

"부모 마음이잖아. 당신도 좀 먹어."

아내가 다 먹지도 못할 양을 갖고 왔다며 구박했다. 결국 우리 부부는 노란색 바나나 껍질이 검은색이 될 때까지 먹었다.

2017년 1월 3일 일기(DAY 827)

'냉장고 속 유통기한 지난 요구르트' 중에서

새해 인사차 외할머니 댁에서 점심을 먹었다. 생선과 고기 등 한 상 푸짐하게 먹고, 아빠가 좋아하는 떡과 진서가 좋아하는 딸기를 후식으로 먹었다. 집에 갈 때는 외할머니가 귤과 배, 딸기를 잔뜩 싸주셨다. 냉장고에 넣으려고 보니 이미 30개들이 딸기가 2팩이나 있었고, 떠먹는 요구르트도 여러 개가 있었다. 진서가 잘 먹는다고 할머니 두 분이 만날 때마다 사주셔서 쌓인 거다. 엄마 아빠는 진서가 좋아하니까 먹지 않고 남겨둔 것이다. 그러다 보니 유통기한이 지난 것도 있었다.

아빠도 할머니에게 냉장고에 있는 음식을 상하기 전에 드시라고 종종 말하곤 했었다. "왜 안 드셨어요?" 하고 물으면, "자식이 좋아하는 걸 어떻게 먹니? 너 오면 주려고 했다" 하셨다. 아빠는 할머니가 이거 먹어라, 저거 먹어라 하면 짜증까지 냈다. 자식을 낳기 전인 마흔 살 때도 그랬다.

부모는 자식이 좋아하는 음식을 차곡차곡 쌓아만 놓는다. 입으로 쉬 넘어가지 않아서다. "엄마는 생선 머리만 좋아해."라는 말의 의미를 새삼 깨닫게 된다.

진서는 화재가 난 곳에 불을 끄기 위해 소방관이 되고 싶어 한다. 또 도둑을 잡기 위해 경찰관이 되고 싶어 한다. '먹고살기 위해 하고 싶다'는 말은 하지 않는다. 당연히 아직 그런 말을 할 나이가 아니다. 곰곰 생각해 본다. 세상 물정 모르고 때 묻지 않은 어린 시절이 인생에서 가장 행복한 시간은 아닐까?

여느 아들들처럼 언젠가 아빠를 아버지라고 부를 날이 올 것이다. 그땐 순수함보다 의젓함이 물씬 풍길 것이다. 자신과의 싸움을 해야 하고 타인과의 경쟁도 해야 한다. 그럴수록 아빠와 함께하는 시간은 줄어들고 거리는 멀어질 것이다. 어렸을 때는 부모의 뜻에 따르던 자식도 자라서는 제 뜻대로 행동하려 한다. 당연한 일이다. '품 안의 자식'이 언제까지인지는 모르겠다. 그러므로 지금 순간순간을 소중하게 여겨야 한다.

진서가 '엄마'라는 말도 못 하던 시기엔 기저귀 가는 것도 목욕시키는 것도 두려웠다. 머리에 거품이 가득 있어도 자지러지게 우는 모습을 보면 목욕을 중단하고 수건으로 대충 닦고 끝냈다. 그러고는 아내에게 큰소리쳤다.

"내가 목욕시켰으니까 편히 쉬어."

유치원 다닐 나이가 될 때까지 육아는 엄마 몫이라고 생각했다. 나는 바쁘다는 핑계로 아이와 놀아주지 않았다. 좀 더 크면 공놀이도 해주며 잘 놀아줘야지 다짐만 했다. 그런데 막상 유치원에 다니기 시작하니 아들은 엄마만 찾았다. 나는 놀아주고 싶어도 어떻게 놀아줘야 할지 몰라 고민이 많았다. 마음은 굴뚝같아도 사십대 중반에 아이와 똑같은 보조로 놀아주기에는 체력도 부족했다.

도대체 아빠들은 언제까지 바쁘다는 핑계를 대야 할까? 시간의 여유로움을 느낄 때는 아이도 자라서 더는 아빠가 필요 없게 될 수도 있다. 곰곰이 따져보면 아이와 함께할 시간은 10년 내외다. 이제 나는 길어야 4~5년 남았다. 아직 못 해본 것이 너무나 많다. 아빠의 역할을 차일피일 미루다보면 '아빠는 나에게 해준 것이 없는 사람'으로 기억될 수 있다. 직장 일을 열심히 하면 용서될 것으로 생각했지만 용서가 되는 것이 아니다. 자기 일을 충실히 하는 것은 기본이다. 힘들고 바쁜 와중에도 가족을 위해 시간을 내야 한다. 희생까지는 아니더라도 최소한 봉사는 해야 한다.

'오늘'은 살아가는 날 중에 가장 젊은 날이라고 한다. 하루라도 젊었을 때 아이와 즐겁게 시간을 보내고 싶다. 더 이상 진서와 함께할 시간을 미룰 겨를이 없다. 틈나는 대로 소중한 추억을 쌓아가자.

평범한 아빠들이 쓴 육아서에는 공통점이 있습니다. 자식을 통해 어린 시절 '나'를 만나게 되었다는 점, 그리고 '나'의 뒤엔 부모님이 있었다는 점입니다. 저도 마찬가지입니다.

무척 엄했던 아버지, 그 아버지의 이야기를 여기서 다시 꺼내야 겠습니다.

대문 밖에서 "옥수수요, 옥수수!"라는 옥수수 장수의 목소리가 들렸습니다. 아버지와 나는 마루에 앉아 있었고, 어머니는 부엌에 있었습니다.

"엄마, 엄마, 나 옥수수 먹고 싶어!"

나는 절규하듯 말했습니다. 다행히 어머니가 그 절규를 무시하지 않았습니다.

쟁반 위에 놓인 옥수수를 아무 말 없이 먹기만 했습니다. 하나가 남았을 때 어머니가 말했습니다.

"아빠 더 드시라고 해."

"아빠, 더 드세요."

"아빠 다 먹었다. 너 먹어."

이때가 네다섯 살쯤이었습니다. 기억 속에 남아 있는 부모님과의 첫 대화 장면입니다. 그날 나는 '내가 다 먹을 수 있는데 아빠가 더 드신다고 하면 어쩌지?' 하고 속으로 생각했습니다. 아버지를 매우 무서운 사람이라 느꼈기 때문에 어머니가 시키는 대로 말했을 뿐이었습니다. 솔직히 아버지가 나한테 먹으라고 할 줄은 몰랐습니다.

다섯 살 때 나는 태권도장에 다녔습니다. 그때 아버지는 지방 근무를 했습니다. 건물 2층에 있던 태권도장은 바로 앞 육교에 서면 내부가 들여다보였습니다. 나중에 들었는데, 아버지는 토요일 오후에 서울에 올라와서, 그 육교에 올라서서 나를 늘 지켜보았다고 합니다. 태권도장으로 들어와 제 손을 잡고 집으로 데리고 온 적은 한 번도 없었습니다. 아버지는 태권도 수련이 끝나는 걸 몰래 보고는 먼저 집에 와서 시치미 뚝 떼고 있었습니다. 그 시대 아버지상으로 이해하고 싶습니다.

고등학교 때 집 근처 학교 운동장에서 농구를 하고 있었습니다. 마침 걷기 운동을 나왔던 아버지를 보았습니다. 아버지는 농구장 저 멀리 건너편에서 한참을 지켜보기만 했습니다. 그 모습이 여전히 생생합니다. 다섯 살 때나 고등학생 때나, 자식이 노는 모습을 멀리서만 지켜보던 아버지. 무뚝뚝하지만 사랑이 깊은 대한민국 아버지들의 전형이라 이해하고 싶습니다.

성장하면서 아버지에게 한 번도 다정다감한 모습을 느끼지 못했습니다. 그저 큰 산으로만 느껴졌습니다. 아버지하고는 느낌과 표정으로만 대화했습니다. 늘 "안 된다. 안 된다."라는 말씀을 많이 하셔서 원망도 했습니다. 그런 아버지가 처음으로 작게 느껴진 적이 있었습니다. 일흔이 넘어 병원에 가던 뒷모습을 보았을 때입니다. 한없이 작아 보였습니다. 서른 살 취업준비생 시절이라 아무것도 해드릴 수 없는 내 자신이 원망스러웠습니다.

경찰 시험 1주일을 남겨둔 날이었습니다. 학원에 가다가 수험서를 놓고 와서 다시 집에 가는 길이었습니다. 집으로 들어서는 골목길에서 병원에 가는 아버지의 뒷모습을 보았습니다. 지팡이를 짚은 아버지는 힘겹게 어머니의 부축을 받으며 구부정한 자세로 한 걸음 한 걸음 발을 떼고 있었습니다. 다리가 편찮다는 말은 들었지만 저 정도로 걷기가 불편한 줄은 몰랐습니다. 순간 뒤돌아서서 골목길 뒤로 숨었습니다. 아버지가 혹시 돌아보지 않을까 걱정되었습니다. 빨리 학원에 도착해서 수업을 듣고 열심히 공부하고 싶었습니다.

'죄송해요. 이번 시험 꼭 합격해서 효도 할게요.'

처음으로 아버지를 생각하며 눈물을 흘린 날입니다.

　결국 이 시험에 최종 합격했을 때 효도할 일만 남았다고 생각했습니다. 이후 결혼까지 10년이 걸렸습니다. 마흔에 결혼하고 이듬해 아들을 낳았습니다. 아버지는 그때야 비로소 웃었을 것입니다. 무엇이 효도인지는 모르겠습니다. 나는 뭐 하나 제대로 한 것이 없다고 느낍니다. 그래도 아버지는, 아들이 원하는 직장에 들어가고 결혼도 해서 자식을 낳았으니 효도를 다했다며 대만족하실 것 같습니다.

　아버지는 4년 넘게 거동을 전혀 못 하다가 돌아가셨습니다. 가서 뵐 때마다 너무 힘들다는 생각이 많았습니다. 차라리 주무시고 있어서 마주치지 않는 것이 마음 편했습니다. 대소변 받아내는 일은 어머니 몫으로 돌릴 때가 다반사였습니다.

　마지막으로 아버지를 본 것은 돌아가시기 30시간쯤 전이었습니다. 2019년 2월 설날 당일 근무날이었습니다. 아침 일찍 들러 식사를 했습니다. 아버지가 주무시고 있어서 얼른 밥만 먹고 출근했습니다. 퇴근길에도 들렀습니다. 역시 주무시고 있었습니다. 얼굴 한번 뵙고 집에 가려고 방에 들어갔습니다. 40년 만에 손을 잡아드렸습니다. 아버지가 눈을 뜨며 어렵게 한 말씀 했습니다.

"누구냐?"

"저예요. 계속 주무시고 계셔서 인사 못 드렸어요."

아버지는 줄곧 눈만 깜박깜박했습니다.

"낮에 진서 보셨어요? 모레 진서 데리고 또 올게요."

아버지는 한참 후에 힘겹게 입을 열었습니다.

"그래, 꼭 와라."

"네."

이것이 아버지와의 마지막 대화입니다. 평생을 느낌으로만 대화했는데 '긴 이야기'를 나눈 것입니다. 나는 방을 나오는 순간까지 아버지의 손을 잡아드렸습니다.

아들 진서에 대한 바람도 같습니다. 원하는 일 하고, 결혼해서 자식 낳아 잘 살아주면 효도를 다한 자식이라 만족할 것입니다. 아직까진 길거리 다닐 때 진서와 손을 잡고 다닙니다. 곧 어색해질 날이 올 것입니다. 그러면 앞으로 수십 년간 잡아보지 못할, 귀하고 사랑스러운 손이 될 것입니다. 먼 훗날 나도 병석에 누웠을 때, 그때 한번 진서가 내 손을 잡아주길 소원해봅니다. 그렇게 될 수 있도록 아빠로서 최선을 다하렵니다.